교부 어거스틴
Augustinus

빌헬름 게에를링스 지음
권진호 옮김

기독교문서선교회

기독교문서선교회(Christian Literature Crusade: 약칭 **CLC**)는
1941년 영국 콜체스터에서 켄 아담스에 의해 시작되었으며
국제 본부는 영국의 쉐필드에 있습니다.
국제 CLC는 59개 나라에서 180개의 본부를 두고, 약 650여 명의
선교사들이 이동도서차량 40대를 이용하여 문서 보급에 힘쓰고 있으며
이메일 주문을 통해 130여 국으로 책을 공급하고 있습니다.
한국 CLC는 청교도적 복음주의 신학과 신앙서적을 출판하는
문서선교기관으로서, 한 영혼이라도 구원되길 소망하면서
주님이 오시는 그날까지 최선을 다할 것입니다.

Augustinus

Written by
Wilhelm Geerlings

Translated by
Jin-Ho Kown

Copyright © 1999 by Wilhelm Geerlings

Originally published in Germany under the title as
Augustinus
by Verlag Herder.

Translated by the permission of Verlag Herder,
Hermann-Herder-Straße 4, D-79104 Freiburg.

All rights reserved

Korean Edition
Copyright ⓒ 2013 by Christian Literature Crusade
Seoul, Korea

추천사

염창선 박사
호서대학교 고중세문헌연구소장

한스 큉(Hans Küng)이 *Grosse Christliche Denker*(R. Piper GmbH, 1994)에서 고대교회의 위대한 사상가로 오리겐과 더불어 어거스틴을 선별한 것은 이 인물의 중요성을 이미 알려주고 있는 셈이다. 실제로 기독교 신학을 전문적으로 접근하려는 자든, 단순한 교양수준에서 알아보려는 자든, 성 어거스틴을 외면하고 기독교의 정수를 접할 수는 없다. 물론 그의 위대함은 생애의 후반부에서 보여줬던 거룩한 삶에서 뿐만이 아니라, 시대적

한계에도 불구하고 사상의 깊이와 광대함에서 타의 추종을 불허한다. 그러나 그가 교회의 역사에 남긴 진가는 자신의 내적 성찰에서 보여주는 인간의 본성과 하나님을 향한 고뇌에 찬 열정에서 드러난다.

기독교에서 말하는 그리스도인은 헤겔이 말한 바대로 절대적 "타자"(das Andere)에 대한 주객도식적 관계로 규정된 존재가 아니라, 참된 자아를 찾아가기 위하여 자신의 내면을 성찰하고, 그 안에 있는 하나님을 만나는 일련의 과정 중에 있는 존재이다. 이것은 소위 서방 신학과 동방 신학의 대별점이기도 하다. 서방에서는 theos와 logos의 합성어인 theology(신학)를 "하나님에 대해 사유함", 또는 "하나님에 대해 말함"으로 이해함으로써 여전히 주객도식의 틀 안에 갇혀 있지만, 동방신학은 이 개념을 "신과의 합일"로 이해하면서 신학자의 가장 기본적인 요소를 "기도하는 것"으로 받아들인다.

그런 점에서 보면, 이 책에 소개된 성 어거스틴은 자신의 『고백록』(Confessiones)에서 자기 내면에서 발견한 하나님에 대한 경험을 가득 묘사하고 있다. 마치 어부 베드로가 예수님을 만나면서 제자의 삶을 살기 시작했던 것처럼(눅 5:8), 하나님을 만나면서 깨닫게 된 어거스틴 자신의 참된 모습에 대한 고백이『고백록』전체에 밤하늘의 별처럼 수록되어 있다. 결국 "유한하고 죽을 수밖에 없는 인간은 절대적이며 영원히 유효한 신적인 진리 앞에서 자기 자신과 세계를 이해해야만 한다. 죄된 인간은 인식이나 진리를 추구하는 가운데 자신의 영혼 안에서 믿음과 불신앙의 투쟁을 참아내게 된다. 여기서 인간은 두려움과 희망 사이에서 동요하나 하나님의 도움으로 사랑과 은혜, 자유와 행복을 발견할 수 있다."

  사실 어거스틴에 대한 연구서들은 그의 위대함만큼이나 방대하고 다양하지만, 이 책만큼 간략하면서도 그의 신학사상의 핵심을 관통하고 있는 소개서는 아직 없는 것 같다. 특히 독자들은 이 책을 읽는 동안 어거스틴의 생애와 사상을 간결하면서도, 지루하지 않게 차곡차곡 정리해나갈 뿐만 아니라, 어느덧 해박한 역사와 철학의 바다에서 수영을 즐기고 있음을 깨닫게 될 것이다.

편집자 서문

어거스틴(354-430)은 많은 사람들에게 "첫번째 근대적인 인간"으로 간주된다. 그는 『고백록』(*Confessiones*)에서 내적인 삶의 가장 깊은 곳까지 보여주었고 이를 통해 인간 영혼에 대한 이해를 변화시켰다. 그의 사서전은 오늘닐 우리가 주관성, 자의식, 개인적인 정체성에 관한 이해에 도달하는 과정에 있어서 가장 결정적인 발걸음이었다. 저자 게에를링스(W. Geerlings)는 죽음, 죄책감, 허무함에 대한 어거스틴의 개인적이고 기본적인 경험들이 어떻게 창조, 시간, 역사라는 새로운 사상으로 발전했는지를 보여준다. 유한하고 죽을 수밖에 없는 인간은 절대적이며 영원히 유효한 신적인 진리 앞에서 자기 자신과 세계를 이해해야만 한다. 죄된 인간은 인식이나 진리를 추구하는 가운데 자신의 영혼 안에서 믿음과 불신앙의 투쟁을 참아내게 된다. 여기서 인간은 두려움과 희망 사이에서 동요하나 하나님의 도움으로 사랑과 은혜, 자유와 행복을 발견할 수 있다.

이 개론서는 간략한 방식으로 어거스틴의 기본적인 사상을 그의 동요하는 생애의 맥락에서 전개하고 있다. 교회교사로서 갖는 그의 광범위한 중요성 또한 부각된다. 그리고 그의 성경 강해와 철학적-신학적 인식이 중세의 세계상 및 후대 철학자들의 사상에 어떻게 지속적으로 영향을 주었는지 개략적으로 소개된다.

저자 게에를링스(Wilhelm Geerlings, 1941-2008)는 독일 보쿰(Bochum)대학교의 고대 교회사, 교부학, 기독교 고고학 교수였다. 그는 교부와 어거스틴에 관한 책들을 썼다. *Augustinus-Lexikon* vol. 1과 *Lexikon der antiken christlichen Literatur*의 공동편집자였으며 *Fontes Christiani*의 책임편집자였다.

---

* 본서에서 위첨자로 표기된 숫자는 발행 횟수를 의미한다(예, ^{2}1967: 1967년도 2판 발행).

역자 서문

어거스틴의 중요성은 서구의 신학은 어거스틴의 주석이라는 평가에서 입증된다. 어거스틴은 "교회박사"(*doctor ecclesiae*)로서 기독교의 신학 및 교리의 체계를 수립한 신학자이다. 그는 교회 역사 가운데 하나님 은혜의 중요성을 깊이 간파한 "은총박사"(*doctor gratiae*)로서, 그의 은총론이야말로 21세기 한국교회가 절실히 배우고 실천해야 할 신학임이 분명하다.

루터의 신학에 가장 많이 그리고 중요하게 영향을 끼친 인물이 어거스틴이라는 사실 때문에, 루터의 연구자로서 어거스틴의 신학에 관심을 가지고 연구한지 이제 몇 년이 되어간다. 하지만 어거스틴의 사상은 여전히 어렵기만 하다. 지금도 그의 사상에 관해 무엇인가를 쓰기란 쉽지 않다. 그가 쓴 작품의 양과 내용이 방대할 뿐만 아니라, 지금까지 이루어진 어거스틴의 작품과 신학에 관한 연구 또한 상상할 수 없을 정도로 많기 때문이다.

어거스틴을 평생 연구한 게에를링스가 쓴 『교부 어거스틴』(*Augustinus*)은 어거스틴의 생애와 주요사상들을 간결하게 소개해 주고 있어, 그의 사상을 주제별로 이해하는 데에 더할 나위 없이 좋은 책이다.

책을 번역하게 된 구체적인 계기는 2012년 1학기 목원대학교 신학대학의 강의 "어거스틴의 생애와 신학"을 개설하면서이다. 강의용 교과서를 찾다가 우연히 발견한 이 책은 어거스틴이 펼친 신학의 내용을 이해하는 데 많은 도움이 되었다. 이 작품을 소개하는 것이 역자처럼 어거스틴의 신학을 공부하는 사람에게 유익하리라는 생각으로 책을 번역하게 되었다.

역자는 어거스틴 작품들에 대한 간략한 설명을 부록으로 첨가하였다. 우리가 그의 작품을 다 읽는다는 것은 불가능하기에 이것을 통해서나마 간접적으로 그의 작품들을 접하는 것은 유익하리라 본다. 또한 국내외 참고서와 연구서 및 구하기 쉬운 외국서적들을 중심으로 하여 참고문헌을 실었다.

어거스틴의 신학 및 경건과 영성은 한국교회에 더할 나위없는 자양분이 될 수 있다. 하지만 어거스틴에 대한 국내 연구는 그의 명성과 중요성에 비해 턱없이 부족한 실정이다. 어거스틴 작품의 번역도 몇 작품에만 치중하여 이루어졌다. 게다가 안타깝게도 한국교회에 어거스틴은 피상적으로 이해되고 소개되고 있다. 『고백록』을 근거로, 젊은 시절 방탕한 인생을 살다가 그의 어머니 모니카의 눈물의 기도를 통해 회심한 성인 정도로 말이다. 역자는 지난 학기에 신대원에서 "어거스틴의 고백록 연구"라는 세미나를 하였다. 너무나 잘 알려져 있는 『고백록』이지만, 세미나에 참석한 학생들의 공통된 의견은 『고백록』이 매우 어렵다는 것이다. 사실 역자도 같은 마음이다. 한국교회와 성도들의 신앙 성숙을 위해 『고백록』은 매우 유익한 고전이다. 국내에 『고백록』에 대한 강해서가 절실히 요청되는 상황에서 역자도 "고백록 강해"를 준비하고 있다.

책은 작지만, 감사해야 할 분들이 많다. 우선, 수업에 함께 하여 배우고 토론에 참여한 목원대 신학생들에게 고맙다는 말을 전하고 싶다. 그리고 늘 아낌없는 격려를 보내주시는 목원대학교 신학대학 교수님들께도 감사를 드리고, 추천사를 써 주신 호서대학교 염창신 교수님께도 감사를 드린다. 마지막으로, 번역을 교정해준 이민수 목사와 나성은 전도사에게 고마움을 전한다. 끝으로 번역에 대한 모든 책임은 역자에게 있음을 밝힌다.

2013년 1월
권진호 識

어거스틴의 생애 연표

354.11.13	북아프리카 누미디아의 타가스테(오늘날 알제리의 Souk Ahras)에서 출생. 타가스테에서 초등교육과 문법교육을 받음.
약 369-370	마다우라(Madaura)에서 문법교육과 수사학교육을 받음. 재정의 어려움으로 일 년 동안 교육을 중단함. (16세에) 타가스테로 돌아감.
370-약 373	카르타고에서 수사학 공부. 키케로의 『호르텐시우스』를 읽음. 마니교로 전향함.
약 373-약 375	타가스테에서 문법교사(18세).
약 375-383	카르타고에서 수사학교사(20세).
382	마니교 주교 파우스투스(Faustus)를 만남.
383-384	로마에서 수사학교사(28세).
384-386	밀라노 궁정에서 수사학교수(rhetoricae magister, 29세). 암브로시우스와 만나고 신플라톤주의 서적을 읽음.
386.8	밀라노 정원에서 회심체험을 함(Tolle lege). 카씨키아쿰으로 물러남. 초기 대화록 저술.

387.1/2	밀라노로 돌아옴.
387.4.24/25	부활 주일 전 저녁 밀라노에서 알뤼피우스, 아데오다투스와 함께 세례 받음.
387 가을	아프리카로 돌아갈 것을 계획. "오스티아 환상". 어머니가 55세의 나이로 항구도시 오스티아에서 세상을 떠남.
387 겨울/388	로마에 체류. 첫 반마니교 작품.
388 가을	카르타고를 거쳐 타가스테로 돌아감. 종교적인 공동체를 세움. 계속되는 반마니교 작품들. 자유 7학예에 관한 작품(Disciplinarum Libri)을 계획함.
390	아들 아데오다투스의 죽음(18세).
391.1	히포 레기우스(오늘날 알제리의 Annaba)로 여행. 주교 발레리우스에게 사제로 안수를 받음.
391-	히포에서 수도원생활. 계속 반마니교 작품을 저술.
393.10.8	카르타고의 주교 아우렐리우스의 인도아래 히포 공의회 개회 연설. 이후로 설교를 함.
393-395	도나투스주의를 다루기 시작함. 첫 반(反)도나투스주의 작품들. 성경주석.
395	발레리우스를 돕는 히포의 협력주교로 안수 받음(44세). 은총론을 구상.
396-	히포의 단독주교.
397-	도나투스주의자들과 논쟁함. 계속되는 반도나투스주의 작품들.
397-약 401	고백록 저술.
411.6.	카르타고에서 560여명의 로마 가톨릭 주교와 도나투스주의 주교들이 종교대화를 함. 황제의 관리 마르켈리누스가 도나투스주의자들에 대해 반대하는 판결.
약 411-	펠라기우스주의와 논쟁하기 시작함. 반펠라기우스주의 작품들.

약 412-	알라릭에 의해 로마가 정복된 이후(410.8.24) 이교도들의 논박에 대한 대답으로서 『신국론』(De civitate Dei) 작업.
417, 418	펠라기우스와 그의 제자 켈레스티우스가 어거스틴의 교사(敎唆)로 정죄됨.
418-	펠라기우스주의자 에클라눔의 율리안과 논쟁.
420년 말엽	절충적 펠라기우스주의자들 및 아리우스 주교 막시미누스와 논쟁.
426.9.26	어거스틴은 사제 에라클리우스를 자신의 후계자로 선출함.
426-	출판된 작품들을 재고록을 통해 교정함.
430.5/6	반달족이 북아프리카로 침입함. 히포를 에워싸기 시작함.
430.8.28	포위된 히포에서 어거스틴 죽음(75세).

약어표

c. ep. Man	Contra epistulam Manichaei quam vocant fundamenti
c. Fel	Contra Felicem Manichaeum
c. Iul.	Contra Iulianum
civ. De	civitate Dei
conf.	confessiones
div. qu.	De diversis quaestionibus octaginta tribus
doctr. chr.	De doctrina christiana
en. Ps.	Enarrationes in Psalmos
ep.	Epistulae
ep. Io. tr.	In epistulam Iohannis ad Parthos tractatus
Io. ev. tr.	In Iohannis evangelium tractatus.
mor.	De moribus ecclesiae catholicae et de moribus Manichaeorum
praed. sanct.	De praedestinatione sanctorum liber ad Prosperum et Hilarium primus
ps. c. Don.	Psalmus contra partem Donati
retr.	Retractationes
s.	Sermones
sol.	Soliloquia
trin.	De trinitate
util. cred.	De utilitate credendi
vera rel.	De vera religione

Andere Autoren:

Pelagius
Dem.   Epistola ad Demetriadem
Hieronymus
in Ezech.   In Ezechielem prophetam commentarius
Possidius
vita Aug.   Vita S. Augustini

Biblische Bücher:

Gen	Das Buch Genesis
Ex	Das Buch Exodus
Ijob	Das Buch Ijob
Ps	Die Psalmen
Jes	Das Buch Jesaja
Mt	Das Evangelium nach Matthäus
Lk	Das Evangelium nach Lukas
Röm	Der Brief an die Römer
1 Kor	Der erste Brief an die Korinther
Eph	Der Brief an die Epheser
Phil	Der Brief an die Philipper
1 Tim	Der erste Brief an Timotheus
1 Joh	Der erste Brief des Johannes

DI I   Kompendium der Glaubensbekenntnisse und kirchlichen Lehrentscheidungen, hrsg, von H. Denzinger. Verbessert, erweitert, ins Deutsche übertragen und unter Mitarbeit von H. Holping hrsg. von P. Hünermann, Freiburg^{37} 1991

교부 어거스틴

차례

추천사 · 05
편집자 서문 · 08
역자서문 · 10
어거스틴 생애 연표 · 13
약어표 · 16

1. 자서전과 경험 / 21

2. 각인시키는 회상: 마니교 / 37

3. 인간: 기억과 시간 / 45

4. 믿음과 인식 / 59

5. 그리스도 / 69

6. 삼위일체 하나님 / 81

7. 하나의 교회 / 89

8. 성례전 / 99

9. 하나님의 나라 / 107

10. 본성과 은혜 / 121

11. 성경강해 / 133

12. 플라톤주의 형태의 기독교 / 143

13. 어거스틴주의 / 151

맺는 말·165
참고문헌·167
역자가 제아하는 참고문헌·171
이 책의 각 장에 대한 조언들·177
어거스틴의 작품 해설·182
색인·195

Augustinus

1. 자서전과 경험

1883년 3월 31일 바젤의 문헌학자 니체(Friedrich Nietzsche)는 신학대학의 동료이자 친구인 오버벡(Franz Camilie Overbeck)에게 자신이 『고백록』(Confessiones)을 읽고 있노라고 편지를 썼다. 그는 다음과 같이 기록하고 있다.

> 게다가 사람들은 이 책에서 기독교의 중심을 본다. 나는 철저하게 의사와 심리학자의 호기심을 가지고 읽고 있다.

397년과 401년 사이에 쓰인 『고백록』은 세계사적인 중요성을 갖고 있다. 어거스틴은 그가 『고백록』을 쓴 의도는 하나님을 찬양하고 하나님에 대한 열정을 고무시키고자 하는 것이라고 언급한다. "나는 작품을 쓰면서 이것을 경험했고 후에 작품을 읽을 때마다 역시 이러한 사실을 경험했다. 이 책을 마음에 들어 하는 형제들이 많다"(『재고록』⟨Retractationes⟩ 2, 6). 따라서 『고백록』은 하나님을 위해 그리고 그분을 찬양하도록 초청하는 홍보책자이다. 어거스틴 스스로도 자신에 대해 이전에는 타락했지만 하나님의 은혜로 회복된 영혼의 예로 서술하고 있다.

이런 점에서 『고백록』은 고대시기에 친숙한 소위 "권고책자", 즉 철학에 대한 선전책자 양식에 속한다. 고대 사람들에게 철학은 사색과 특정한 삶의 형식을 연습하고 모방하여 사는 것을 뜻했다.

따라서 『고백록』으로부터 자서전 자체를 기대하는 사람은 실망하게 된다. 『고백록』은 일깨우고 교화하는 책으로서의 성격을 갖고 있기 때문이다.

어거스틴은 생애 말년 426/7년에, 자신이 지은 책자들에 오류가 있는지 검토하며 교정을 히였다. 이렇게 해서 나온 작품 『재고록』은 문학사에 있어서 유일무이한 것이다. 이 작품은 우리에게 어거스틴 작품들에 대한 중요한 정보들을 제공해 주며 또한 무엇보다도 작품들을 지은 어거스틴 자신의 내적인 태도를 보여준다. 『재고록』의 머리말에서 그는 다음과 같이 언급하고 있다.

> 나는 나의 작품, 책, 편지 및 논문들을 마치 재판관의 엄격함
> 을 가지고 검토하여 마음에 들지 않는 것은 검열관의 펜으로
> 하듯이 분명히 밝힐 것이다.

어거스틴은 93권의 책을 검토하였다. 다만 편지와 설교들은 더 이상 검토할 수 없었는데, 그가 죽음을 맞이했기 때문이다.

어거스틴의 제자이자 칼라마(Calama)의 주교인 포시디우스(Possidius)는 어거스틴이 죽은 지 일 년 후에 벌써 『어거스틴의 생애』(*Vita Augustini*)라는 작품을 썼다. 이 작품은 어거스틴 주교에 대한 그 이전의 작품뿐만 아니라 동시대의 작품들과도 차이가 난다.

다른 작품들은 어거스틴을 금욕주의자, 주교, 성인 그리고 기적을 행하고 악마와 싸우는 사람으로 묘사하고 있다. 하지만 어거스틴 생애에 대한 포시디우스의 기록은 전혀 다르다. 이것은 어거스틴의 일상 삶을 보여주며 주교로서 그리고 그의 공동체의 목회자로서의 활동에 관하여 말한다. 우리는 포시디우스의 작품을 통하여 어거스틴이 채식주의자였으며 소박한 그릇과 은수저를 사용하며 확고한 금욕주의자 삶의 스타일을 지녔음을 알 수 있다. 어거스틴의 위대함은 아마도 더 나은 전기를 필요로 하겠지만 이미 그의 작품들에서 스스로 드러난다. 포시디우스의 『어거스틴의 생애』는 분명 어거스틴의 어떤 점이 동시대인들에게 그렇게 감명을 주었는지를 보여준다.

진리의 빛이 우리에게 통찰을 허락하는 한, 우리는 어거스틴의 작품들에서 그가 하나님의 마음에 들고 사랑받은 주교로서 가톨릭교회의 믿음과 소망과 사랑 안에서 정직하고 바르게 살았다는 사실을 분명하게 볼 수 있습니다. 그가 신적인 것에 관하여 쓴 것을 읽는 자마다 이러한 사실을 더 잘 알게 됩니다. 하지만 교회에서 설교자와 예배를 집전하는 사제로서 어거스틴을 듣고 볼 수 있었던 자들, 무엇보다도 그와 함께 했던 자들이 실제로 그로부터 훨씬 더 많은 것을 받았음은 분명한 사실입니다 (『어거스틴의 생애』 31).

이렇게 칼라마의 주교는 자신의 작품 『어거스틴의 생애』를 끝맺는다. 그리고 어거스틴과 교제를 통해 그가 얼마나 강한 영향을 받았는지 작품의 마지막 부분이 보여준다.

나는 족히 40년 동안 하나님의 선물을 통하여 죽은 자(어거스틴)와 함께 어떤 언짢은 의견 마찰도 없이 신뢰와 기쁨의 관계 속에서 살았습니다. 내가 이 세상에서 그를 본받아 닮은 자가 되고 미래에 전능하신 하나님의 약속을 그와 함께 누릴 수 있도록 나를 위해 나와 함께 기도해 주기바랍니다(『어거스틴의 생애』 31).

이것은 이례적이지도 지나치지도 않은 판단이다. 동시대인들이 (물론 많은 것들이 고대의 수사학에 기인하는 것일 수 있지만) 교회의 교부인 어거스틴을 "신앙의 두번째 설립자" 또는 "세상의 빛"으로 칭송했기 때문이다. 그리고 그의 편지를 읽는 사람들, 영적으로 아마도 가장 아름다운 작품인 시편 강해에 몰두하는 사람들, 그를 둘러싸고 그의 전체 생애를 함께 하였던 친구들을 보는 사람들은 어거스틴이 자신의 시대뿐만 아니라 그 이후로도 수백년 동안 얼마나 많은 사람들을 매료시켰는지를 이해하게 될 것이다.

어거스틴처럼 자신의 영혼의 내적인 공간을 서술할 수 있었던 사람은 그 이전에 아무도 없었고 그의 사후에도 단지 소수가 있었을 뿐이다. 그는 자신의 근본적인 경험을 심리학적으로 감정이입 시키고 현상학적으로 서술할 수 있었다. 이 점에서 어거스틴은 추측컨대 고대의 인물 가운데 우리가 정확하게 아는 유일한 사람이다. 어거스틴의 강렬한 경험과 감각 때문에 하르낙(Harnack)은 어거스틴의 신학을 "이론적으로 해석된 정서"라고 성격 지을 정도였다. 이것은 어느 정도 과장된 것일 수 있으나, 그의 근본적인 경험이 그가 늘 다시 되돌아갔던 철학적-신학적 주제들과 질문들을 규정지었다는 것은 분명하다.

어거스틴은 354년 11월 13일, 북아프리카 누미디아 지방 타가스테(Thagaste)라는 도시에서 태어났다. 어거스틴이 16세 될 때까지 이교도였던 아버지 파트리키우스(Patricius)는 도시의 관리들 중 낮은 계급에 속하는 사람이었다. 그는 동정심이 없는 사람으로 묘사된다. 이와 반대로 어거스틴은 자신의 어머니 모니카(Monica)에 대해서는 기념비적인 묘사를 하고 있다. 어거스틴은 『고백록』에서 자신을 역사의 위대한 "어머니의 귀염 둥이" 가운데 한 명으로 묘사하였다. 여기서 어거스틴이 어머니와 가까이 있느냐 멀리 떨어져 있느냐는 곧 그가 교회와 맺고 있는 상태를 투영하고 있는 것이다. 공명심이 있던 그의 부모는 재능 있는 아들의 성공을 추구했다. 그래서 그들은 어거스틴에게 타가스테에서 문법을 공부하게 한 후 마다우라(Madaura)에 있는 유명한 이교도 문법가 막시무스(Maximus)에게 보냈다. 그는 370년부터 카르타고(Karthago)에서 수사학을 공부했다. 이 과정에서 그는 단편으로만 전해지는 키케로(Cicero)의 작품 『호르텐시우스』(Hortensius)를 읽게 되었는데, 이것이 어거스틴으로 하여금 첫번째 회심을 하게 했다. 키케로의 가르침에 따르면, 사람은 모든 형식주의와 수사학적 표면 배후에서 지혜를 추구해야 한다. "지혜"(weisheit)는 어거스틴의 삶과 사고에 있어서 열쇠와 같은 단어가 되었다.

『호르텐시우스』에 의해 이루어진 회심 이후 얼마 지나지 않아 어거스틴은 마니교도로 전향하였다(2장 참조). 어거스틴답게 회심의 발걸음은 빠르고 급격히 이루어졌다. 동시에 그의 이러한 방향전환은 홀로가 아니라 친구들과 함께 이루어졌다는 점이 특징이다. 어거스틴은 방향전환을 할 때마다 혼자가 아니라 친구들과 함께 하였다.

마니교로의 전향은 어머니와의 단절을 의미하였다. 게다가 그는 371년 한 여인과 동거를 시작했는데, 이로 인해 그의 생애는 바뀌게 된다(이 동거에서 얻은 아들 아데오다투스(Adeodatus)는 18세에 죽었다). 그의 동거는 비록 국가가 온전히 인정하는 법적인 형식의 결혼은 아니었지만 교회에 의해 묵인된 것이었다. 3년이 지나 공부를 마친 후에 어거스틴은 타가스테로 되돌아가 수사학을 가르쳤다. 하지만 그는 『고백록』 4, 4에서 절박하게 기술하고 있듯이 어릴 적 친구의 죽음을 맞이하게 되고 이로 인해 다시 카르타고로 돌아왔다.

그러는 사이에 마니교에 대한 그의 열정은 식어졌다. 그의 눈에 학식이 있는 것으로 칭찬받은 마니교 주교 파우스투스(Faustus)도 어거스틴의 질문에 만족스럽게 대답할 수 없었다. 어거스틴은 환멸을 느끼며 카르타고를 떠나 로마로 이동하였다. 거기서 그는 중병에 걸렸다. 그는 황제 궁정 주변에서 수사학자로서의 자리를 얻기 위하여 밀라노로 이주하기로 결심하였다. 그 곳에서 그는 밀라노 주교 암브로시우스(Ambrosius)를 만나게 되었다. 어거스틴은 직업적인 관심에서 그의 설교를 들으러 갔다. 그는 설교를 듣는 가운데 구약성경에 대한 풍유적 해석을 알게 되었으며 그곳의 사제 심플리키아누스(Simplicianus)를 통해 신플라톤 철학을 소개받았다. 이 "밀라노 플라톤주의"의 발견은 어거스틴이 지적으로 발전하는 데 있어 아주 중요한 사건에 속한다. 그는 이를 통하여 플라톤적인 형태의 기독교(4세기에는 그런 기독교만이 있었다)를 알게 되었다. 후에 그는 스스로 이러한 기독교를 서구 신학에서 가장 특색 있는 형태의 기독교로 발전시켰다. 무엇보다도 그는 마음(정신)이 무엇인지 깨닫게 되었다. 이제야 그는 마니교로부터 해방될 수 있었다. 이러한 『플라톤주의자들의 책들』(*Libri Platonicorum*)을 탐독한 것은 『호르텐시우스』를 읽은 경험과 비교될 만한 영향을 주었다. 그때의 상황과 비슷하게 어거스틴은 다시 성경을 붙들었다. 알레고리적 해석 덕분에 성경은 읽을 가치가 있는 것으로 보였으며, 어거스틴은 성경을 철학 작품들과 동등한 가치가 있다고 인정하게 되었다. 게다가 그는 기독교 금욕주의가 존재한다는 것을 경험하였다.

이렇게 어거스틴이 기독교로 전향한 것은 그의 사상적 발전의 마지막 단계였다. 이러한 발전에 한 몫을 하며 기여를 한 것은 바울과 플라톤주의자들, 알레고리 방법과 수도사 모범들, 마니교-기독교적 경건과 그리스도인으로서의 어린 시절에 대한 기억이었다. "집어 들어라 읽어라"(*Tolle lege*)라는 표현을 통해 문학적으로 구성된 정원 장면으로 어거스틴은 자신의 회심에 대한 결정적 체험을 서술한다(『고백록』 8, 29).

어거스틴은 387년 부활절 전야에 세례를 받고 난 후 아프리카로 되돌아간다. 그 곳에서 그는 밀라노 가까이에 있는 카씨키아쿰(Cassiciacum) 농장에서 시작했던 교양 있는 회심자의 은둔적인 삶을 계속해 나가고 싶었던 것이다. 그는 교회의 직무를 떠맡는 일이 일어나지 않도록 주교 자리가 비어 있는 도시들 방문을 삼가 했다. 그가 391년 1월에 히포 레기우스(Hippo

Regius)에 갔을 때, 라틴어를 전혀 하지 못하는 주교 발레리우스(Valerius)는 자신의 교회 공동체에 언어에 능통하고 수사학 훈련을 받은 사제의 도움을 요청했고, 어거스틴은 부득이하게 이러한 직무를 떠맡게 되었다. 어거스틴은 391년 사제로서 성경을 연구하기 시작했으며, 교회의 정치에 관여하였다. 그는 순교자 숭배가 지닌 폐해들을 제거할 것을 호소했고, 393년 히포의 공의회에서 개회설교를 하였다. 어거스틴은 395년 중반 당시 아직 살아 있던 발레리우스의 후계자로서 주교로 서임되었다. 그 이후 그의 생애는 아직 북아프리카라는 좁은 지역 내에서 보내졌다. 그 밖의 의무적인 임무들, 즉 설교직과 목회상담, 사소한 민법상의 다툼들에 대한 재판, 북아프리카 교회의 공의회에 대한 참여 등으로 어거스틴의 생애는 분주했다. 이 외에 더 많은 부분을 차지한 것은 저술 활동이었다.

회심 바로 직후 그리고 사제와 주교로서의 초창기 시절 어거스틴은 글을 통하여 마니교를 비판하였다. 그러나 그의 관심은 점차 도나투스주의(아래 7장 참조)로 기울어졌다. 그는 "세례란 무엇인가?"와 "참된 교회의 모습은 무엇인가?"라는 주제에 몰두하게 되었다. 어거스틴은 국가 권력을 통해 도나투스주의와 싸우는 것에 동의하였다. 그리하여 그는 종교재판의 변호자 및 창시자로서 역사에 기록된다. 하지만 그것보다도 그의 교회론과 성례론이 중요한 의미를 갖는다. 후대의 아무리 세련되고 정확한 교회론과 성례론이라 해도 근본적인 것에 있어서는 어거스틴의 개념을 넘어서지 못했다.

마지막으로 어거스틴을 내적으로 가장 격렬하게 움직이게 한 것은 은혜에 관하여 펠라기우스주의라는 금욕주의적 운동과 논쟁한 일이다. 이 운동에 관한 어거스틴의 논쟁은 두 국면으로 전개된다. 첫 국면에서 그는 아프리카 교회를 동원하여 펠라기우스(Pelagius) 및 그의 제자 켈레스티우스(Caelestius)를 은혜의 경멸자로 정죄하며 대항했는데, 먼저 켈레스티우스를, 그 후에 펠라기우스를 정죄하였다. 어거스틴은 이들에게서 자신의 신학이 서 있는 토대와 기초와 자신 생애의 영적인 경험들이 위협당하는 것을 보았기 때문에 격렬한 논쟁을 벌였다.

논쟁의 두번째 국면에서는 에클라눔의 율리안(Julian von Eclanum)이 어거스틴에 필적하는 유일한 적수로 출현하였다. 격렬한 말투와 개인적인 비방에도 어거스틴은 놀라거나 물러서지 않았다. 오히려 율리안의 압박은 어거스틴이 원죄론을 더욱 예리하게 표현할 수 있도록 만들었다. 더욱이 신학 전통의 관점에서 근본적으로 새로운 주장을 한 사람은 펠라기우스나 율리안이 아니라 바로 어거스틴이었다. 원죄와 은총에 대한 어거스틴의 구성은 그의 삶의 경험에 따른 것이지만 또한 전통적인 모델교육학과 교육신학의 좌절에 대한 대답이기도 하다.

429년 5월 가이세리크(Geiserich)가 이끄는 반달족이 아프리카로 쳐들어왔다. 430년에 히포 레기우스는 포위되었고, 농성은 14개월 동안 계속 되었다. 어거스틴은 포위된 지 3개월째에 열병에 걸렸다. 그는 다섯 참회시편을 자신의 병실 벽에 걸어놓게 하였고 430년 8월 28일 죽었다. 그의 죽음 바로 직후에 에베소 공의회에 대한 황제의 초청장이 도착했다.

『고백록』 가운데 이야기 부분은 어거스틴의 회심과 세례로 끝난다. 그 이후의 생애를 차지하는 주교로서의 활동은 어거스틴의 생각에 독자들의 흥미를 끌지 못할 것으로 여긴 것 같다. 어거스틴은 평안을 발견했으며 이제는 이러한 기독교 "권고책자"로 하나님에 이르는 자신의 길을 증명하고 싶었다. 은총론에 근거하여 그는 이미 두 가지 중심적인 경험과 두 가지 위대한 성찰들을 통해 사람이 어떤 상태에 있는지를 보여주었다.

『고백록』 제 2권에서 그는 배를 훔치는 이야기를 한다. 언젠가 밤에 어거스틴은 친구들과 주렁주렁 열린 배나무를 약탈하여 배들을 돼지 떼에 던져 버렸다. 그들은 배가 고픈것도, 배를 특별히 좋아한 것도 아니었다. 어거스틴이 분명하게 강조한 사실은, 도둑질을 강요하는 어떤 곤경이 없음에도 불구하고 그는 도둑질을 원했다는 것이다. 그가 도둑질을 한 것은 먹을 것이 부족하거나 그 밖의 어떤 이유가 아니라 선에 대한 싫증과 악에 대한 커다란 즐거움 때문이라는 것이다. 그의 동기는 다음과 같다.

> 내가 즐거워한 것은 도둑질한 물건이 아니라 단지 도둑질과 죄 그 자체였다(『고백록』 2, 9).

물질적인 가치로 따지자면 비교적 사소한 이 사건에서 어거스틴은 인간의 마음속에 악이 얼마나 깊이 뿌리 박혀 있는지를 깨달았다.

> 내 마음으로 당신께 고백하는 것은, 나는 헤아릴 수 없이 나쁘고 나의 사악함은 바로 사악함만이 그 이유였다는 사실이다(『고백록』 2, 4).

그리고 이러한 사악함은 단지 수동적인 성향으로만 사람 안에 있는 것이 아니다. 절대로 아니다! 어거스틴은 다음과 같이 강조한다.

> 나는 내 죄를 사랑했다. 즉 죄 가운데서 붙잡으려고 했던 그 대상이 아니라 죄짓는 것 자체를 사랑했다(『고백록』 2, 4).

이 고백은 후기의 어거스틴이 은총론에서 지치지 않고 강조한 것이 무엇인지를 엿보게 한다. 즉 "인간은 스스로는 죄와 거짓 외에는 아무것도 갖고 있지 않다"(『요한복음 강해』⟨Io. ev. tr.⟩ 5, 1).

모든 성찰에 담겨있는 이러한 기본적인 상수가 오래된 것이라는 사실은 『고백록』에 나오는 두번째 예에서 알 수 있다. 자신의 어린 시절을 숙고할 때면, 그는 자신이 어머니와 유모의

가슴에서 젖을 얼마나 기분 좋게 빨아댔는지 그리고 어머니와 유모가 자신에게 젖을 넘치게 줄 만큼 준비가 되어 있었다는 사실을 깨달았다. 하지만 동시에 그는 다른 관찰을 회상했다.

> 어린이의 지체들은 약하다고 해로운 것은 아니지만, 어린이의 마음은 그렇지 않다. 나는 스스로 질투하는 어린 아기를 보았고 그 아기에 대해 경험을 했다. 아기는 아직 말할 수 없었으나 분노의 눈빛으로 창백하게 젖형제를 바라보았다. […] 젖이 풍부하게 흐르고 남아도는데, 도움이 필요한 다른 사람, 유일하게 이 음식을 먹고 사는 사람을 동무로서 허용하지 않는 것은 무죄한 것이 아니다(『고백록』 1, 7).

미숙하고 아직 사려분별이 없는 어린 아기의 질투는 다시금 어거스틴에게 인간이 얼마나 깊이 죄에 사로잡혀 있는가를 확신시켜 주었다. 그는 후에 자신이 여러 번 인용한 성경의 구절을 기억하게 된다. 즉 인간은 죄악 중에 출생하였고 어머니가 죄 중에서 아들을 잉태하셨다는 말씀이다(참고. 시 51:5). 어거스틴에게 있어 분명한 결론은 다음과 같다.

> 내 주 하나님이여, 당신께 묻노니, 당신의 종인 제가 무죄했었던 때와 장소가 있었습니까?(『고백록』 1, 7).

어거스틴의 사유에 있어 중요한 두번째 경험은 죽음이다.

『고백록』 제 4권에서 그는 이름이 언급되지 않은 죽마고우의 죽음에 대해 서술한다. 함께 학교에도 갔고 진정한 우정을 나눴던 친구는 죽었고, 어거스틴은 죽음에 직면하여 갖게 된 자신의 심정을 유명한 두 문장으로 표현한다.

> 내 마음은 고통으로 인하여 어두워지기까지 하였으며, 내가 바라 본 것은 모두 죽음뿐이었다(『고백록』 4, 4).

그리고 죽음이 그의 주변에 있는 모든 것을 문제 삼았기 때문에, 교부 어거스틴은 다음과 같이 말한다.

> 나는 나 자신에게 커다란 수수께끼가 되었다. 내 영혼에게, 어찌하여 슬퍼하는지, 왜 그렇게 나를 당황하게 하는지 물었으나 내 영혼은 내게 아무 대답도 주지 못했다(『고백록』 4, 4).

죽음은 인간을 커다란 수수께끼로 만들고 스스로에게 질문하게 한다. 어거스틴이 죽마고우의 죽음에서 느꼈던 감정이 다시금 그의 어머니의 죽음에서 반복되었다.

> 나는 어머니의 눈을 감겨 주었다. 내 마음속에는 엄청난 슬픔이 북받쳐 올라 눈물이 흘러 내렸다. 하지만 내 눈이 자꾸 눈물샘을 적시려해도, 영혼의 엄명아래, 눈물이 마르게 해야 했다. 그러나 이것은 내게는 고통스러운 싸움이었다(『고백록』 9, 12).

어거스틴은 믿음을 가진 어머니가 불행하지 않게 세상을 떠났으며 믿음 안에서 그녀가 변화하였음을 확실히 신뢰할 수 있다고 분명히 했다. 그럼에도 불구하고 그는 다음과 같이 질문하지 않을 수 없었다.

내가 속으로 그토록 슬퍼했던 까닭은 무엇이었는가?(『고백록』 9, 12).

그가 이러한 아픔을 줄이거나 없애기 위하여 시도하는 모든 것, 즉 목욕을 하고 친구들과 대화하는 것 등은 아무 소용이 없었다.

앞에서 자세하게 묘사된 이러한 두 기본적인 경험 외에『고백록』은 탁월하게 묘사된 있는 두 가지 성찰을 제공해 준다. 즉 기억(*memoria*)이란 무엇인가(『고백록』 10, 8-26) 그리고 시간(*tempus*)이란 무엇인가(『고백록』 11, 11-30)에 대해서이다.

어거스틴은 인간의 내적인 공간을 과거와 현재와 미래라는 세 차원의 시간이 만나는 장소로, 그리고 사람이 하나님께로 상승할 수 있는 장소로 서술하면서 기억과 시간에 대한 성찰을 연결시킨다. 기억은 동시에 하나님에 대한 경험이 가능한 장소이다. 이로써 사람 안에는 (분명히 마니교도들에 반대하여 말해진 것으로) 창조의 가치가 긍정되는 부분이 주어져 있는 것이다. 어거스틴은 기억에 관한 이론을 통하여 인간론을 간결하게 제공하며 또한 인간 내면의 성찰에 관한 플라톤적인 프로그램("밖으로 향하지 말라. 당신 자신에게로 되돌아가라"⟨*Noli foras ire; in te ipsum redi*⟩『참된 종교에 관하여』⟨*vera rel.*⟩ 39)을 올바르게 평가하게 된다.

시간을 다루는 부분 역시 인간론에 있어 뛰어난 의미를 갖는다. 이 글은 인간이 얼마나 무(無)에 가까이 속해 있는지를 보여주며 시간에 관한 기초가 되는 철학적 본문에 해당한다.

죄와 죽음은 기억에 남아 있으며 시간적으로 제한되는 것들이다. 이 두 가지 기본 경험이 다음 주제들에 대한 어거스틴의 관심을 불러 일으켰다. 즉 모든 것은 사라진다는 경험에 반대하여 그리고 마니교도들과 회의론자들에 반대하여, 어거스틴은 창조와 시간과 역사에 관한 관심을 명확히 드러낸다. 시간이 지나가버리는 것을 매우 강하게 경험할 때, 이러한 질문이 자동적으로 떠오른다. "이러한 시간의 흐름 속에서 인간은 확고한 자세를 취할 수 있을까?" 이것을 통해 어거스틴은 자기 확신, 사고의 확신이라는 문제에 관심을 기울인다. 또 참으로 모든 것이 사라진다면, 어떻게 교회의 권위가 개입하여 그 소멸에 저항할 수 있는가에 관심을 가진다.

죄와 죽음의 경험이 그렇게 강력한 것이라면, 교회론과 성례론은 (개별적인 임직자의 개인적인 품위에 관계없이) 교회와 성례의 권위가 인간에게 안전을 보장할 수 있다는 사실을 명백히 입증해야 한다. 그리고 이러한 질문들은 명확한 은총론의 완성을 통하여 최종적으로 해결된다.

2. 각인시키는 회상
: 마니교

어거스틴은 18세부터 27세까지 마니교도들과 함께 했다. 이 것이야말로 그를 각인시키는 9년의 기간이었다. 그의 후기 적대자 에클라눔의 율리안은 어거스틴이 마니교로 되돌아갔으며 마니교를 완전히 떠난 것이 아니라고 비난했다. 이때 율리안이 분명하게 암시한 것은, 사람은 노년이 되면 너무나 자주 초창기로 되돌아가며 소년기의 각인시키는 영향들이 이제 더 분명하게 나타난다는 사실이다. 어거스틴을 각인시키는 이러한 영향들에는 마니교가 의심할 여지없이 속하며, 마니교는 어거스틴을 통하여 교회에서 영향력이 크게 되었다.

몰락한 세계종교인 마니교는 기독교의 가장 거센 경쟁자 가운데 하나였다. 첫 눈에는 혼란스럽게 보이는 마니교 신화의 배후에는 일관되게 구성된 교리적인 체계가 놓여 있고 이것은 엄격한 교회조직에 의해 떠받쳐졌다. 이 두 가지는 모든 점에서 가톨릭 교회에 필적할 만했다. 마니교는 종교적인 지도자 계층인 택함 받은 자들(*electi*)과 커다란 무리인 듣는 자들(*auditores*)을 구분하였다. 어거스틴은 듣는 자 그룹에 속했으나 9년간의 기간을 통하여 마니교에 대한 지식을 충분하게 습득하였다. 마니교에 대한 그의 서술은 비록 반(反)마니교 작품으로부터 나온 것일지라도 온전히 믿을 만하다.

마니교는 구조의 관점에서 보면 이원론적 영지(*gnosis*)의 완전한 형태이다. 영지는 세상의 내적인 구조에 관한 지식을 말하고, 이러한 지식에로 이끄는 인식행위 자체가 구원(구속)인 것이다. 만일 사람이 어디로 던져졌고 어디로 가야 하는지를 안다면, 즉 자신의 상태에 대해 분명해지면, 이미 구원은 일어난 것이다. 마니교의 이원론에 의하면 모든 역사 이전 태초에는 두 본성 즉 빛과 어둠, 신과 악, 신과 물질이 존재했다. 이 사실을 아는 사람은 구원의 시작에 서 있는 것이다. 마니교는 "두 본성에 관한 이론"을 "세 시대에 관한 이론"과 조화시킨다. "시작 시대"는 두 원리가 섞이지 않은 채 서로 마주하고 있는 시대이다. 이 시대는 "중간 시대"에 의해 교체되는데, 중간 시대에서는 어둠의 세계가 빛의 나라를 공격함으로써 두 원리가 혼합되게 된다. "세번째 시대"는 이원론이 극복된 마지막 상태이다.

현재의 모든 세계는 빛과 어둠의 혼합이다. 그러므로 예를 들어 씨앗을 뿌리고 후에 열매를 얻기 위하여 땅을 갈아엎는 사람은 빛에 속하는 물질과 따라서 이와 연관된 신적인 원리에 해를 가하는 것이 된다.

대우주처럼 영혼과 육체의 통합인 사람 역시 빛과 어둠의 혼합이다. 따라서 사람은 대우주를 자신 안에 투영하여 표현하고 있다. 세상에서 일어나는 모든 일들이 실상은 단 하나의 구원의 과정에 있다. 때문에 이것은 인간의 구원의 과정으로 결말이 지어질 것이다. 인간은 자신 안에 존재하는 모든 것들 가운데 가장 큰 부분을 빛의 실체로 갖고 있지만, 동시에 자신의 육체 때문에 마귀들의 제물이며 더럽혀져 있다. 따라서 역설적인 상황이 발생한다. 즉 인간은 창조에 있어 본질적으로 최고이지만 동시에 극도로 타락해 있는 것이다. 이러한 혼합으로부터의 구원은 인간 스스로가 기억해냄으로써 일어난다. 유명한 영지주의 문서인 『진주에 대한 노래』(*Lied von der Perle*)에서 분명하게 나타나듯이, 인간은 언제부터인가 이 진주에 대한 추구를 잊었다. 본질적인 죄는 망각이다. 구원과 구속은 망각 속에 잠자고 있는 의식이 깨어나는 것으로 시작한다. 인간은 진주에 대한 추구를 계속해 나가며 그것을 발견한다. 재인식은 영혼의 중생, 혹은 영혼이 본래의 고향으로 되돌아가는 것이다.

바른 인식에 뒤따라와야 하는 것은 인식한 자가 금욕생활로 전환하는 것이다. 모든 가능한 죄들에 연루되는 것을 피하기 위해서는 급진적인 금욕주의가 요구되었다. 금욕 외에는 인간이 물질에 의해 더럽혀지는 것을 피할 방도가 없다.

금욕에 대한 이러한 요구는 "세 가지 봉인에 대한 이론"으로 요약되어 있다. 완전한 마니교도들은 다음 세 가지 봉인에 복종한다. 즉 고기와 포도주와 피와 욕설을 절제하는 "입의 봉인", 일을 삼가는 "손의 봉인", 모든 성적인 행위를 절제하는 "가슴의 봉인"이다. 이 세 가지 봉인을 단호하게 이행하는 마니교도들이라면 모두 부동(不動)에 의한 죽음의 선고를 받은 것이다. 그러므로 급진적인 마니교 윤리가 실행불가능하기 때문에 마니교도들은 두 부류로 나뉘어져야 했다. 완전한 자(*electi*, 즉 택함 받은 자들)는 보다 엄격한 윤리적인 규정에 종속되어 있는 반면, 불완전한 문답자들(*auditores*, 즉 듣는 자들)은 결혼의 허락에 이르기까지 폭넓은 관용을 누렸다. 문답자들은 완전한 자들을 섬겼는데, 이는 완전한 자들이 세 가지 봉인을 가능한 한 문자적으로 성취할 수 있도록 하기 위해서였다. 왜냐하면 완전한 자들에게 부여된 본질적인 임무는 개별적인 빛의 요소들을 물질의 감옥으로부터 해방시키는 것이었기 때문이다.

완전한 자의 경우에 죽음은 빛이 본질적으로 해방되는 것이다. 그런 다음에야 영혼은 천국 여행을 시작할 수 있다. 그렇지 않은 경우에는 인간은 짐승이나 식물들로 윤회된다. 최종적인 구원은 시대의 마지막에 비로소 이루어진다. 따라서 인간의 생활태도를 통하여 이미 이 시대에 빛과 어두움의 새로운 분리가 시작된다. 그러나 이것은 세번째 시대, 즉 마지막 시대에 비로소 완전하게 회복되어 진다.

기독교적으로 방향이 설정된 마니교는 구약의 창조신을 악의 원칙과 동일시한다. 그러므로 마니교는 그 이전의 기독교 전통들(마르키온)을 다시 이어가면서 구약을 배척했으며 신약의 선한 신을 구약의 악한 신에 대립시켰다. 창조는 빛과 어두움의 혼합이기 때문에 단지 악한 신의 사역일 수밖에 없었다.

마니교의 가르침에 대한 어거스틴의 대답은 다음과 같다. 구약의 하나님과 신약의 하나님 예수 그리스도는 동일하다는 것이다. 창조의 신은 또한 구원의 신이다. 그러므로 우리는 또한 신약과 구약의 통일성을 말해야 하며 구약과 신약의 관계는 약속과 성취의 관계인 것이다. 어거스틴은 이를 위해 다음의 문구를 사용한다.

> 신약은 구약 속에 감추어져 있고, 구약은 신약 안에 계시되어 있다.

이러한 맥락에서 어거스틴은 두 개의 탁월한 주석에서 창세기를 해석하였다. 그의 큰 관심사는 구약의 하나님을 예수 그리스도와 연관시키는 것이었기 때문에, 작품이든 설교이든 보다 작은 부록들에서 반복하여 이 주제를 다루었다.

도덕적으로 반박의 여지가 있는 족장들의 생활 방법(일부다처제, 극단적인 거짓말, 살인과 고의적 살해)도 마니교도들에게는 구약을 거부하는 핑계거리가 되었다. 그 결과 어거스틴은 두 개의 글을 허위로 썼는데, 족장들을 이러한 비난으로부터 벗어나게 하고 싶었기 때문이다.

북아프리카의 마니교는 특히 바울에게서 자신의 신학을 재발견했다. 소위 영의 법에 반대하는 육의 법에 대한 바울의 구분은 인간 안에 있는 두 원리에 관한 마니교의 이해와 일치하는 것처럼 보였던 것이다. 이런 이유로 마니교는 바울서신을 집중적으로 연구하기 시작하였으며, 사람들은 북아프리카의 마니교를 바울적인 이단으로 간주하였다. 따라서 어거스틴은 회심 이전에 이미 바울 및 특정한 바울해석과 마주친 것이다.

두 원리에 대한 이론에서 필수적인 것은 하나님의 혐의를 푸는 것이다. 즉 하나님은 악에 대한 책임이 없다는 사실이다. 그 점에서는 마니교 역시 어거스틴처럼 순수하거나 진실된 하나님 인식에 대한 노력을 기울이는 것처럼 보였다. 무엇보다도 어거스틴은 마니교의 택함 받은 자들의 엄숙주의에 깊은 인상을 받았다. 어거스틴이 마니교의 가르침들에 대해 이미 회의적이었을 때조차도, 그는 은밀한 경탄 속에서 금욕주의적으로 사는 택함 받은 자들과의 친밀함을 여전히 추구하였다. 몇 년 후에도 그는 마니교도들에 관하여 다음과 같이 쓸 수 있었던 것이다.

이들은 진리가 얼마나 애를 써서 발견되는지 모르는 […] 인간의 내면적인 눈이 마침내 태양을 인식할 수 있기 위해서는 얼마나 어렵게 고침을 받게 되어야 하는지 모르는 당신들을 호되게 꾸짖는다(『소위 마니의 근거가 되는 편지에 반대하여』 ⟨c.ep.Man.⟩ 2).

감수성이 강하고 아름다움에 관심이 많은 어거스틴을 특별히 매료시킨 것은 마니교도들의 교리적 신화가 아니라 그들의 그리스도적인 경건이었다. 마니교도들은 그리스도를 찬미하는 찬송들과 시편노래들을 많이 창작하였다. 첫 눈에 보면 이런 찬송가들 가운데 많은 수는 정통 기독교의 가르침과 별반 차이가 없어 보인다. 또한 이것들은 매우 서정적인 특징을 지니고 있다. 마니교는 스스로를 마지막이면서 보편적인 종교로 이해하였고 자신이 가져다주는 소식을 구원의 가장 완전하면서도 최종적인 형태로 선포하였다. 그래서 마니교는 마치 커다란 물받이 통처럼 모든 구원의 선포들을 수집하여 이것들을 하나의 체계로 조립하였다. 이러한 구원에 대한 소망은 낭독되고 찬송되는 마니교의 찬송 가운데에서 가장 강하게 표현되어 있다. 어거스틴이 『고백록』 9, 12에서 말하는 것처럼, 우리는 암브로시우스의 찬양에 대해 어거스틴이 높이 평가하는 것을 읽고 있다. 이러한 사실로부터 우리가 이해할 수 있는 것은, 구원의 갈망에 대한 이러한 전례의 형성이 어거스틴의 심금을 울리게 하였다는 사실이다. 주관화와 내면화의 강한 요소가 마니교의 한 시편에서 예수와 개인의 영혼이 나눈 대화로 표현되어 있다.

> 이제 내가 구원자 당신에게 부르짖나니,
> 곤경의 시간에 저에게 오소서.
> 그 분이 내게 달콤한 음성으로 다음과 같이 대답하신다.
> 은혜를 받은 의로운 사람이여,
> 나아오라, 두려워하지 말라!
> 나는 어떤 상황에서든 너의 인도자이니라.

기도자는 직접 예수에게 도움을 청하고 말하고 청원한다. 그가 마니교에 심취한 9년이라는 기간은 (이미 몇몇 동시대인들이 추측한 것처럼) 어거스틴에게 아무 영향도 주지 않은 것이 아니다. 하지만 이에 대한 정확한 증거들은 단지 최소한의 경우에나 입증될 수 있을 것이다. 문헌학적인 의존들이 제시될 수 없기 때문이다. "세 시대에 관한 이론"이 어거스틴의 역사신학에 영향을 끼쳤는지, "두 가지 원리에 관한 이론"이 두 국가이론의 개념에서 작용을 하고 있는지에 관해서는 단지 추측할 수 있을 뿐이다. 분명한 것은 어거스틴의 인간론이 지닌 염세주의에서, 그리고 물질과 인간의 육체, 인간의 성생활에 대한 어거스틴의 깊은 불신에서 마니교의 분위기가 풍겨난다는 사실이다. 이런 점에서 후기의 어거스틴은 자신의 인생 초기의 마니교로 복귀하여 교회에 어려운 유산을 남기게 되었다.

3. 인간: 기억과 시간

『고백록』은 하나님 찬양으로 시작한다. 하지만 곧바로 인간의 행위로 눈을 돌린다.

> 그래서 당신의 가련한 피조물인 인간이 당신을 찬양하고자 합니다. 하지만 이 인간은 죽을 수밖에 없는 존재이며 죄의 증거를 안고 살아갑니다. [⋯] 당신의 가련한 피조물인 인간이 당신을 찬양하고자 합니다(『고백록』 1, 1).

어거스틴은 이미 386년에 『독백』(*Soliloquien*)에서 자신이 추구하는 것을 다음과 같은 표현으로 제시했다.

> 나는 하나님과 영혼을 인식하고자 한다. 그 외에 더 원하는 것이 있는가? 전혀 없다(『독백』 1, 7).

어거스틴의 인간론은 전적으로 고귀한 하나님과 가련한 인간의 대립으로 되어 있으며 깊은 염세주의로 가득 채워져 있다. 플라톤 전통에서 나왔고 마니교적인 삶의 감정에 의해 강화된 육-영혼(Leib-Seele)의 이원론(어거스틴은 육-영〈Leib-Geist〉의 이원론에 대해서도 말한다)이 이러한 인간론을 특징짓는다. 초기 어거스틴은 여전히 마니교의 사상세계의 영향을 강하게 받아 육체를 "압박하는 족쇄"라고 표현한다(『보편 교회의 윤리와 마니교도들의 윤리에 관하여』〈mor.〉 1, 22). 인간은 다름 아니라 이성이 있는 영혼인데, 이 영혼은 죽을 운명이며 또한 이 세상에 속한 육체를 이용한다(『보편 교회의 윤리와 마니교도들의 윤리에 관하여』 1, 27).

영혼은 육을 향하여 있고 또한 육과 통일을 이루지만, 이러한 관계는 매우 피상적으로 가정된 것이다. 육을 지배하기 위하여서는, 육과 통일을 이루고 있는 상태에서조차 영혼에는 아직도 어느정도의 독립성이 존재한다(영혼은 육의 주인으로 머문다). 영혼은 마부처럼 육을 지배한다. 그러므로 어거스틴은 정신(영)이 육에 대한 지배를 잃어버리는 영적인 과정과 감정적인 상태들이 있는 이유를 이해하는 데 커다란 어려움을 겪었다.

모든 고대 사상가들처럼 어거스틴 역시 다음과 같은 확고한 확신을 갖고 있었다. 즉 인간은 본질적으로 영(정신)이고, 영을 궤도에서 벗어나게 만드는 것이 있어서는 안 되는데, 만일 이렇게 하는 것이 있다면 이것은 위반이고 죄라는 사실이다. 그러나 의심할 바 없이 영의 이러한 지배가 깨지기 쉽거나 아주 폐지되는 상황들이 있다. 성생활이나 죽음의 경험, 두려움과 공포와 같은 극단적인 경험들, 그러나 또한 음악의 향유와 같은 예술적인 경험들이 보여주는 것은, 인간, 다시 말하여 인간의 영이 결코 완전히 그 자신의 주인은 아니라는 사실이다. 여기에서 우리는 모든 현상계에 대한 플라톤적인 의구심 외에 어거스틴이 모든 감각의 경험들을 불신하는 것에 대한 심리학적인 배경을 만나게 된다. 그러한 혼란은 어거스틴을 매우 불안하게 하였고, 그는 다음과 같은 난해한 성찰을 하였다. 즉 예를 들어 모든 것이 여전히 정돈되어 있고 영이 육의 주인인 낙원에서 역시 성적인 것은 인간의 영을 궤도에서 이탈케 할 수 있는가 하는 것이다. 그는 그것을 상상할 수 없었다.

어거스틴의 인간론은 본질적으로 영혼에 대한 가르침이며, 따라서 낙원에서 인간의 하나님 모양은 육이 아니라 오직 영혼에 해당한다. 왜냐하면 영혼은 위대한 선(*bonum magnum*)인 반면, 육은 단지 약한 선(*bonum infirmum*)에 불과하기 때문이다.

어거스틴의 인간론은 그 자체로 종결되어 있으면서 그것 자체로도 읽혀질 수 있는 두 개의 훌륭한 성찰부분에서 규명된다. 그것은 바로 기억에 관한 유명한 관찰(『고백록』 10)과 시간에 관한 철학사에서 대단히 중요한 영향을 끼친 성찰이다(『고백록』 11).

『고백록』의 처음 아홉 권은 회심자가 자신의 이전 삶을 회고하는 것이다. 『고백록』에서 가장 포괄적인 제 10권에서는 이 작품의 전체 구조에 있어서 중심적인 의미가 주어진다. 왜냐하면 이제 어거스틴은 "나는 (다른 사람들의) 눈으로도, 귀로도, 생각으로도 도달할 수 없는 나 자신의 내면에서 어떤 존재인지"(『고백록』 10, 3)에 관하여 숙고하기 때문이다.

이것을 성취할 수 있기 위하여 생각은 스스로 자성해야만 하고, 어거스틴은 이런 자성의 길을 기억에 대한 분석을 통하여 서술한다.

"하나님과 영혼"이라는 프로그램에 상응하여 어거스틴이 이러한 자기성찰을 성공할 수 있는 경우는, 그가 동시에 또한 인간 안에서의 하나님의 장소에 대해 질문을 할 때뿐이다.

> 내가 하나님을 사랑힌다고 할 때 나는 도대체 무엇을 시랑히는 것인가? 육체의 아름다움도, 나이[동요하는 시간]의 리듬도 아니다. 우리 육체의 눈을 즐겁게 하는 빛의 화려함도 아니다. 온갖 노래의 달콤한 멜로디도 아니다. 꽃이나 향유나 향료의 향기로운 냄새도 아니다. […] 그러나 내가 나의 하나님을 사랑하면, 나는 빛, 소리, 향기, 음식, 포옹을 사랑하게 된다. 왜냐하면 그 분은 내 속 사람의 빛과 소리와 향기와 음식과 포

옹이 되시기 때문이다. 여기에서 어떤 공간도 수용하지 못하는 것이 내 영혼에 비친다. 여기에서 어떤 시간도 빼앗아가지 못하는 음성이 울린다. 여기에서 어떤 바람도 흩어 버리지 못하는 향기가 풍겨진다. 여기에서 어떤 탐식으로도 줄일 수 없는 것을 맛본다. 여기에 어떤 만족으로도 분리시킬 수 없는 포옹이 있다. 바로 이것이 내가 내 하나님을 사랑한다 할 때 내가 사랑하는 것이다. 도대체 그것은 무엇인가?(『고백록』 10, 6).

어거스틴은 이제 생명이 없는 피조물로부터 하늘공간에 살고 있는 것들까지 세계 전체를 횡단한다. 그는 하늘과 태양에게, 이것들이 하나님인가 묻는다.

그러자 그것들은 큰 소리로 외쳤다. "그 분은 우리를 창조하셨다." 내 질문은 내 생각이었고, 그것들의 대답은 그것들의 아름다움이었다(『고백록』 10, 6).

따라서 인간은 자기 자신을 성찰하게 되며 감각은 영혼을 통하여 조종된다는 사실을 확언한다. 그러므로 이 영혼마저 또한 초월하는 것이 필요하다.

따라서 나는 나의 본질의 이러한 부분[영혼]을 초월하여 나를 창조하신 그 분에게로 한 단계 한 단계 올라가고자 한다. 그렇게 하여 나는 기억이라는 평야와 넓은 궁전에 다다르는데, 이곳에는 모든 종류의 것들에 대하여 내 감각을 수집한 수많은 영상들의 보물이 쌓여 있다(『고백록』 10, 8).

어거스틴은 기억의 외적인 면과 내적인 면, 즉 외적인 기억(memoria exterior)과 내적인 기억(memoria interior)을 구분한다. 기억은 어거스틴에게 있어서 우선적으로 지나간 외적인 사건들을 인간의 내면에 받아들이고 보존하는 것이다. 이 일은 외적인 기억이 수행한다. 외적인 기억은 갖가지 외적인 경험들에서 인간 정신의 통일시키는 힘이다. 그렇기 때문에 기억은 우선적으로 과거를 지향하고 있다. 어거스틴은 이러한 외적인 기억을 시각적인 지각으로부터 풀이한다. 그러므로 그는 기억의 공간과 저장소들에 관하여 말한다. 기억은 흡사 궁전과 같으며 영상들로 회상된 "보물"(Thesaurus)이 보존되어 있는 다양한 장소들을 갖고 있다.

기억의 공간이 얼마큼 수용능력이 있는가에 대한 질문은 어거스틴을 기억과 망각의 관계에 대한 질문에 이르도록 강요한다. 인간은 또한 잊을 수 있다는 사실에서 알게 되는 것은, 기억은 기억의 내용이 보존되는 창고와는 그리 간단히 동일시될 수 없다는 점이다. 왜냐하면 떠오른 것이 이미 앞서 기억에 저장되어 있었던 것이기 때문이다. 비록 지금은 사라진다 해도 다시 떠올려질 수 있다. 때로는 이미 알고 있는 것들 중 일부를 밀어내고 망각한 후 무엇인가를 떠올려 그곳에 두기도 한다. 무엇인가를 저장하고, 잊고 있었던 것을 다시 떠올리는 기억의 이러한 능력은 근본적으로 외적인 인지의 모든 행위와 구분되어져야 한다. 왜냐하면 기억의 힘(*vis memoriae*)만이 회상하는 기술의 기초가 되기 때문이다. 어거스틴은 기억이 수행할 수 있는 것을 감명 깊게 강조한다.

> 기억의 능력은 위대하다.
> "나의 하나님, 그것은 얼마나 두려운 비밀이며 얼마나 깊고도 무한합니까! 기억이란 영혼입니까? 기억이란 나 자신입니까? 그렇다면 나의 하나님, 나는 누구입니까? 나의 본질은 무엇입니까? 내 삶은 그렇게 복잡하고 다양하며 온전히 측량할 수 없습니다!"(『고백록』 10, 17).

기억이 얼마나 깊은 것인지는 내적인 기억(*memoria interior*)에서 비로소 드러난다. 지각할 수 있고 감각적인 것들과 역사적인 사건들을 향해있는 기억의 힘에 비하여, 기억의 내적인 면은 생각의 자기실행과 자기확신으로 나타난다. 왜냐하면 인간은 지나간 시간의 모든 세부사항들, 색깔, 냄새, 외적인 상황들을 회상 가운데 반복할 수 있을 뿐만 아니라 성찰과정에서도 이것을 수행하기 때문이다. 그러므로 내적인 기억은 자신을 회상하는 것일 뿐만 아니라 자신을 발견하는 것이며 인간 정신의 자의식이다. 따라서 기억(*memoria*)이라는 말을 일반적인 의미의 기억으로 번역을 한다면, 이것은 단지 외적인 기억(*memoria exterior*)이라는 부분에만 관계되는 것이다. 하지만 기억(*memoria*)은 그 외에 자의식을 의미한다.

이런 점에서 내적인 기억(*memoria interior*)은 과거와 관련된 외적인 기억과 달리 현재를 향해 있다. 내적인 기억은 뚜렷한 생각 이전의 생각이며 오성을 통해서만 인식되는 구조들을 숙고하는 생각의 자기현존이고, 따라서 통찰 및 의지와 상호관계에 있다. 엄밀히 말하면 내적인 기억은 의식의 깊이이다. 동시에 그것은 그 자체로서 하나님을 경험하는 장소인 것이다. 어거스틴은 다음과 같이 자문한다.

"그러면 내 참된 생명이 되시는 내 하나님, 내가 무엇을 행해야 합니까? 내가 스스로 기억이라 불리는 이러한 나의 힘을 넘어서고자 합니다. 내가 그것을 초월하여 감미로운 빛이신 당신에게 다다르고자 합니다! […] 나는 내 영혼을 통하여 내 위에 계시는 당신에게로 일어서면서, 나는 또한 기억이라 불리는 이러한 나의 힘을 초월하여 사람들이 당신을 접할 수 있는 곳에서 당신을 접하고자 하고 사람들이 당신에게 매달릴 수 있는 곳에서 당신에게 매달리고자 합니다. 짐승과 새 역시 기억을 가지고 있는데, 그렇지 않으면 이들은 둥지나 동굴을 다시 발견하지 못할 것입니다. […] 그러니 나는 네 발 달린 짐승들과 나를 구별하시고 나를 하늘에 나는 것들보다 더 지혜롭게 창조하신 당신께 이르기 위하여 기억 또한 초월하고자 합니다. 나는 당신을 발견하기 위해서 내 기억을 초월하고자 하나, 어디에서 당신을 발견할 수 있습니까?"(『고백록』10, 17).

하나님은 외부에서 발견될 수 없으며 감각의 경험에서도 발견될 수 없다.

"주님, 당신을 찾기 위하여 내가 내 기억에서 얼마나 두루 행했는지 보소서. 그리고 내가 당신을 발견한 곳은 기억 밖이 아니었습니다"(『고백록』 10, 24).

어거스틴은 기억을 공간적이고 시각적인 것으로 해석하였기 때문에 즉시 다음과 같이 질문해야만 했다.

"그러나 주님, 당신은 내 기억 어디에 거하십니까?"(『고백록』 10, 25).

이러한 질문에는 답이 없다. 하지만 어거스틴은 기억이 포착할 수 있는 모든 변하는 것들 가운데서도 하나님 자신은 불변하시다는 사실을 분명히 밝힌다.

"이 모든 것들은 변하지만 당신은 모든 것을 초월하여 불변하여 머무십니다. 그러나 내가 당신을 알게 된 날 이후로 당신은 당신 자신을 낮춰 내 기억 속에 거하셨습니다. 당신이 내 기억 어디에 거하시는지 (마치 기억 속에 공간과 장소가 있기라도 한 것처럼) 나는 왜 묻는 것입니까? 당신이 그 안에 있음은 분명한 사실입니다. […] 그럼 내가 당신을 알았을 때 당신을 어디에서 발견했습니까? […] 내 위에, 당신 안에서가 아니면 어디이겠습니까? 장소가 있는 것이 아닙니다. 우리는 사라지고 없습니다. 그리고 특정한 장소란 참으로 없습니다. 오, 진리이신 당신은 어디든 계시어 당신께 간구하는 모든 사람들과 함께 하십니다"(『고백록』 10, 25-26).

기억에 대한 어거스틴의 분석은 명백하게 매력적이며 의미가 있다. 기억과정을 분석하는 것 외에 본문은 무엇보다도 외부로부터 돌이켜 내부로 향하도록 호소한다. 후대의 독자들도 이 본문을 그렇게 이해했으며, 『고백록』의 가장 유명한 독자인 페트라르카(Petrarca)는 방뚜 산(Mont Ventoux)의 외적인 아름다움을 서술한 후, 이 산의 등반에 대해 다음과 같이 썼다.

사람들은 산의 정상과 바다의 거대한 파도와 매우 넓은 강 및 바다의 흐름과 천체의 운행과 궤도에 대해 놀라워하고, 이때 자기 자신을 신뢰하기 시작한다.

그는 어거스틴을 인용한다.

"나의 하나님! 내 기억의 힘은 큽니다. 너무나 큽니다. 넓고 끝이 없는 내부입니다"(『고백록』 10, 8).

기억이론의 신학적인 의미는 인간의 모든 부패성에도 불구하고 하나님 경험을 가능케 하는 공간이 있다는 사실에 있다. 이러한 하나님 경험은 인간 자신의 안, 그의 기억(*memoria*)안에서 가능한데, 왜냐하면 하나님은 "내 가장 깊은 곳보다 더 깊이"(*interior intimo meo*)(『고백록』 3, 6), 즉 인간 자신이 알고 있는 내면보다 더 깊이 계시기 때문이다. 이런 점에서 기억에 대한 분석은 원죄신학에 대한 교정을 의미하며 최종적으로는 마니교를 반대하여 이루어진 것이다.

의식과 통찰과 의지의 관계들을 제시함으로써 어거스틴은 이외에도 하나님의 경험을 인간의 정신적인 활동의 부분으로 성공적으로 서술할 수 있게 되었다. 어거스틴은 힘 있는 찬송으로 기억에 대한 성찰을 끝맺는다.

> "영원히 오래되고 영원히 새로운 아름다움이신 당신을 내가 늦게 사랑했습니다. 내가 당신을 늦게 사랑했습니다. […] 당신은 나를 만지셨고, 나는 당신 안에 있는 평화를 사모하여 마음이 불탔습니다"(『고백록』 10, 27).

두번째 위대한 성찰, 즉 시간에 대한 성찰(『고백록』 11, 13-20)은 역사적으로 끼친 영향력에서 기억에 대한 이론만큼 중요하다.

시간에 대한 어거스틴의 분석은 장조본의 맥락에서 이루어진다. 그는 창조 이전에 시간이 있었는지 질문한다. 문제가 가볍게 소개된다.

> 그럼, 하나님께서 하늘과 땅을 창조하시기 전에 무엇을 하셨는가, 묻는 자들에게 대답한다. 어떤 이가 부담이 되는 질문을 피하여 "하나님은 그렇게 높은 비밀을 캐내려고 하는 자들을 위해 지옥을 예비하셨다"라고 대답한 것처럼, 나는 농담으로 대답하지 않겠다(『고백록』 11, 12).

어거스틴 또한 재미로 대답하고자 하는 것이 아니라, 질문자에게 논증하고자 한다. 처음에 고백이 나온다.

> 따라서 시간이란 무엇인가? 아무도 내게 묻지 않으면 나는 그것을 안다. 그러나 내가 그것을 질문하는 사람에게 설명하고자 하면, 나는 그것을 알지 못한다(『고백록』 11, 14).

우리는 "더 이상 아닌" 과거와 "아직 아닌" 미래에 관해 말을 하곤 한다. 그리고 그렇게 말하는 자에게 현재란 본질적으로 미래를 과거로 바꾸는 것 이외에 다른 것이 아니다. 사람들이 현재를 더욱 세분화하고 분석하면 할수록 더욱 분명해지는 사실은 현재란 없고 본질적으로 단지 있는 것이란 중간단계뿐이라는 것이다.

그럼에도 우리는 긴 시간과 짧은 시간에 관해 말하는데, 물론 과거와 미래와 관련해서 말이다. 우리는 기간들과 시대들에 관하여 말하되, 과거는 오래 동안 있었고 미래는 여전히 오래 있을 것이라고 말한다.

그러나 현재가 "지금 존재하지" 않는다면, 우리는 현재를 측정할 수 없을 것이다. 그렇다면 과거, 현재, 미래라는 세 시간은 정말로 존재하는 것인가?

그러나 다른 한편으로 과거가 더 이상 없고 미래가 아직 없다면 엄밀한 의미에서는 단지 현재만이 "지금 존재하는 것"인데, 다시 말해 기억(*memoria*)속에서이다. 그런데 이 기억은 과거의 것을 회상하는 것이요, 현재의 것을 관찰하는 것이요, 미래의 것을 기대하는 것이다. 이렇게 하여 어거스틴은 기억(*memoria*)과 시간(*tempus*)을 연결시킨다. 영혼 안에서 일어나는 시간은 영혼의 팽창(*distentio animi*)이요 영혼의 힘이다.

과거, 현재, 미래라는 시간의 세 차원은 우리 영혼의 세 차원이다. 현재는 지속성이 없으며 긴장된 바라봄이다. 회상은 과거, 즉 지나가 버린 감명을 되가져올 수 있다. 미래는 기대이다. 따라서 시간의 세 차원은 의식의 세 형태인 것이다.

그러나 어거스틴은 여전히 이러한 심리적인 시간경험을 넘어서고 있다. 왜냐하면 시간은 창조와 동시에 생각되어야 하기 때문이다. 창조 전에 시간이 있었는가, 질문하는 것은 의미가 없는데, 왜냐하면 하나님께서는 동시창조의 행동으로 또한 시간을 설정하셨기 때문이다. 따라서 시간은 창조된 존재이고 허무와 공허함의 표시(*signum*)를 지니는데, 왜냐하면 시간은 모든 피조된 것처럼 무(無)를 향하기 때문이다.

시간이 허무한 것으로 나타나면, 시간의 방향은 과거이다.

미래는 이미 자신 안에 소멸의 씨를 갖고 있다. 그렇지만 사람들에게 있어 참된 미래는 오직 무시간적인 것으로부터만 유래할 수 있다. 참된 존재는 오직 하나님의 영원성에 귀속된다. 그러나 인간은 이미 이 지상 세계에서 기억 가운데 하나님의 영원(aeternitas)을 지향한다.

어거스틴의 시간분석에서는 다양한 체계의 항목들이 함께 만난다. 한편으로 어거스틴은 시간을 신체 운동들의 본질로 이해하는 스토아 철학의 실재론을 알고 있었는데, 이러한 실재론은 자연철학의 아리스토텔레스와 스토아 철학의 전통으로부터 어거스틴에게 접근 가능한 것이었다. 소멸 그리고 모든 창조된 것들의 비동일성을 분명하게 강조하는 것은 시간의 형태를 영혼의 산물로 평가하는 영혼의 상상으로부터 유래한다. 마지막으로, 덧없는 시간의 분산으로부터 영혼의 구원이라는 종교적 동기가 더해지는데, 이 동기는 고대후기 영지주의 정서에 속하는 요소이다.

4. 믿음과 인식

　　마니교도들은 어거스틴에게 모든 권위로부터 자유로운 기독교를 약속하였다. 그들은 근거를 가지고 이성적으로 진리를 전개하고 싶어 했다. 어느 누구도 단순히 믿도록 만들고자 하지 않았다. 그러나 그들은 이러한 약속을 지킬 수 없었다. 어거스틴은 가톨릭교회로 전향한 후에 이사야의 한 구절에 대한 옛 라틴어 번역에서 믿음과 앎의 관계 규정을 위한 중심사상을 발견했다.

　　너희가 믿지 아니하면, 너희는 또한 이해하지 못할 것이다.

> [개역개정: 만일 너희가 굳게 믿지 아니하면 너희는 굳게 서
> 지 못하리라.](사 7:9 하반절)

어거스틴은 회심 직후 낙관주의 속에서 아직 이성을 신뢰하여, 이성이 그에게 하나님을 보여준다고 생각했다.

> 왜냐하면 당신과 말하고 있는 이성은 마치 태양이 눈에 보이듯이 그렇게 분명히 하나님을 당신의 마음에 보여줄 것을 약속하기 때문이다(『독백』⟨sol.⟩ 1, 6, 12).

그러나 그는 여기에서 또한 이성에 한계를 긋는다. 즉 하나님을 바라보고자 하는 이성은 믿음을 통하여 모든 허무로부터 정화된 이성이어야 한다는 것이다. 하지만 이성의 이러한 정화는 오직 교회에서만 일어날 수 있다. 그러므로 교회는 모든 이해보다 우위에 있다. 어거스틴은 이러한 사실을 다음과 같은 매우 유명한 형식으로 표현했다.

> 만일 교회의 권위가 나를 감동시키지 않는다면, 나는 결코 복음을 신뢰하지 않을 것이다(『소위 마니의 근거가 되는 편지에 반대하여』⟨c.ep.Man.⟩ 5).

진리 추구에 있어서 보편 교회에 그렇게 높은 순위를 인정하는 것은 바로 권위가 있기 때문이다.

> 보편 교회에서 권위가 이성보다 우월하다는 사실보다 더 유익한 것은 없다(『보편 교회의 윤리와 마니교도들의 윤리에 관하여』 ⟨mor.⟩ 1, 25).

교회의 권위는 믿음의 내용과 믿음의 대상을 청중들에게 제공한다. 이 점에서 믿음은 이성과 인식을 앞서는 것으로 보인다. 어거스틴에게 있어 이와 같은 믿음의 우선권은 아직 후기 은총론의 의미로 이해될 수 없고 오히려 플라톤적인 개념으로 이 세상 것들로부터의 정화 및 분리로 이해될 수 있다. 어거스틴의 전체 문서들에 있어서 중요한 것은 믿음의 지적 구조인데, 즉 믿음이 인식을 향하여 있음을 밝히는 것이다. 그는 죽을 때까지 이러한 관계의 구조를 고집하였다. 그는 죽기 일 년 전에 다음과 같이 지적하였다.

> 믿음이란 의지를 가지고 찬성함으로 생각하는 것이다(『성도들의 예정에 관하여』⟨praed. sanct.⟩ 2, 5).

인간으로 하여금 믿음을 향하여 움직이게 하는 이성은 또한 믿음과도 모순될 수 없다는 사실을 분명히 밝히는 것이 어거스틴에게는 소중한 일이었다. 반(反)마니교적으로 직절히 표현해 보면, 어거스틴에게 있어 선한 창조는 어떤 한 부분도 차별을 받을 수 없기 때문이다.

하나님께서 창조시에 동물들에 앞서서 우리에게 주신 특권을 미워하신다는 것은 있을 수 없는 일이기 때문이다. 나는 이것을 반복해서 말한다. 우리의 믿음이 합리적인 설명이나 이성적인 탐구에 대한 포기를 요구한다는 것은 있을 수 없는 일이다. 우리가 이성을 지닌 영혼이 아니라면 우리는 믿을 수 없기 때문이다. 따라서 만일 우리가 이성으로써 아직 파악할 수 없으나 언젠가는 이해하게 될 몇몇 계시된 구원의 진리들에 있어서, 마음이 정화되고 보다 높은 이성의 빛에 민감하게 되고 능력을 갖기 위하여 믿음이 이성을 앞선다면, 이것 또한 전적으로 이성과 일치한다. 그러므로 선지자 역시 이성과 조화를 이루어 다음과 같이 말한다. "너희가 믿지 아니하면, 너희는 또한 이해하지 못할 것이다." 이 구절에는 두 가지 표현이 명백히 구별되어 있다. 우선 믿으라고 충고하는데, 그런 후에 믿은 내용이 또한 이해될 수 있기 때문이다. 따라서 믿음이 이성을 앞선다는 사실은 이성의 명령이다. 만일 이 명령이 이성적이지 않다면, 불가능한 것은 어리석은 것이 될 뿐이다. 따라서 우리가 아직 이해할 수 없는 일종의 고상한 것들에 있어서 믿음이 이성을 앞서는 것이 이성의 명령이라면, 또한 의심할 바 없는 사실은 우리에게 이것을 가르치는 약간의 이성 역시 믿음을 앞서고 있다는 것이다(『편지』⟨ep.⟩ 120, 3).

"믿음에 앞서는 약간의 이성"은, 수행되어야 할 믿음의 행동이 삶과 이성에 낯선 결정이 아님을 우선적으로 지시한다. 오히려 믿음은 자연적이고 필요한 사고의 행위와 같은데, 왜냐하면 믿음에 의해 온전히 스며들지 않은 인간의 삶은 없기 때문이다.

어린이는 이미 자신의 부모를 존경하고 사랑한다. 비록 어린이가 이들이 자신의 부모인지 알지 못하고 다만 그런 사실을 믿을 수 있을 뿐이라도 말이다.

만일 알지 못하는 것은 어떤 것도 믿어서는 안 된다면, 어린이는 자신의 부모가 진정 자신의 부모임을 믿지 못할 때 자신의 부모에게 어떻게 순종하고 사랑을 보답해야 할까? 이성적인 인식을 근거로 하여 부모를 안다는 것은 불가능한 일이다. 오히려 자신의 아버지가 누구인지에 대해서는 어머니의 권위에 근거하여 어머니의 말을 믿는다. 어머니의 역할에 대해서 말하자면, 사실 인간은 어머니를 신뢰하는 게 아니라 산파, 유모, 하녀들을 신뢰하고 있다고 할 수 있다. 어떤 여자의 아들이 사실은 아들이 아니라 뒤바뀐 다른 아이일 가능성은 없을까? 또 그녀가 스스로 아이를 바꿔치기 한 후 속이고 있을 가능성은 없을까? 위와 같은 가능성들이 존재한다. 그러나 이와 같은 가능성에도 불구하고, 우리는 고백한 바와 같이 알 수 없는 부모-자식됨의 관계를 조금도 의심하지 않고 믿는다. 그렇지 않으면, 인간들 가운데서 가장 거룩한 결속인 아이들과 부모들 사이의 사랑이 가장 교만한 죄를 통하여 훼손된다는 사실을 누가 이해하지 못하겠는가? 아무리 정신 나간 사람이라도 실제로는 부모가 아니지만 자신의 부모로 여겨야 할 의무를 다 성취한 사람에게 잘못을 부과하지는 않을 것이다. 오히려 자신의 부모가 진짜 부모가 아닐지 모른다는 두려움으로 참된 부모를 존경하지 않는 사람은 쫓아 버려야만 한다는 판단을 모든 사람이 하지 않겠는가?

> 다음 사실을 보여주기 위해 많은 예들이 제시될 수 있다. 즉 눈앞에 분명한 확신을 주지 못하는 것은 전혀 믿지 않기로 결심한다면, 인간 사회에는 결코 어떤 것도 온전한 채 남아있지 못할 것이다(『믿음의 유용성에 관하여』⟨util. cre.⟩ 26).

그러므로 어거스틴은 우리가 믿음과 인식의 관계를 가늠해 볼 수 있는 세 가지 영역을 말한다.

> 믿음의 대상에는 세 가지 부류가 있다. 첫째는 이해하지는 못하지만 항상 믿어지는 것이다. 한시적이고 인간적인 사건들에 관한 모든 종류의 역사가 여기에 속한다. 두번째 부류는 믿자마자 즉시로 이해되는 것이다. 숫자나 다른 학문들에 관한 인간의 모든 이성적 추론이 이에 속한다. 세번째 부류는 먼저 믿어지고 후에 이해되는 것이다. 순전한 마음을 가진 사람들에 의해서만 이해될 수 있는 신적인 것들이 이에 해당한다. 올바른 삶을 목표로 하는 계명들을 지킴으로만 우리는 그러한 순전한 마음에 이르게 된다(『83개의 다양한 질문에 관하여』⟨div.qu.⟩ 48).

이러한 세 부류 모두에 있어서 믿음의 목표는 인식에 도달하게 하는 것이다. 이것은 역사 안에서는 불가능하다. 지나간 일로서의 역사는 항상 오직 믿어질 수만 있기 때문이다. 그러나 모든 추상적인 학문은 그것이 가능한데, 왜냐하면 수학과 논리학의 법칙들은 인간의 이성 안에 존재하며 실행되어져야만 하기 때문이다. 모든 종교적인 질문에서는 이미 이 세상에서 또는 저 세상에서 인식이 믿음을 뒤따른다.

로마서를 집중적으로 연구하고 강해한 396년 이후로, 어거스틴은 이러한 인식을 처음으로 저 세상 삶에서의 보상으로서 가능하다고 여겼다. 이 세상의 삶에는 "구하라 그러면 찾을 것이다"(마 7:7)라는 성경 말씀 또한 유효할지라도 이 세상의 학문들에만 적용된다. 어거스틴은 이것을 『삼위일체에 관하여』(De trinitate) 15, 2에서 간결한 형태로 나타낸다.

> 믿음은 찾고 인식은 발견한다.

종국에 가서 획득되는 인식이란 영원한 진리에 대한 이해이다. 그리고 이것은 곰곰이 숙고하는 믿음을 앞서는 "약간의 이성", 즉 "인식"과는 다른 것이다. 따라서 그토록 말씀을 신뢰하는 수사학자 어거스틴은 하나님에 의해 주어진 말씀 또한 언젠가 이해될 것이라는 사실을 결코 부인하지 않았다. 따라서 하나님 자신의 창조사역인 말씀을 미워하는 것은 하나님의 의도가 아닌 것이다.

종교적인 영역에서 믿음이 필요하다는 사실에 대해 어거스틴은 세 가지 근거를 설명한다. 교사의 가르침을 통해 믿음에 이르기 위해 그에게 의탁하는 자는 먼저 그를 전적으로 신뢰할 필요가 있다. 교사가 이미 이전에 교사로서 그에게 믿음을 선사했기 때문이다. 교사는 교회의 사람이며 따라서 위엄 있는 사람이기 때문에, 사람들은 그를 믿을 수 있다. 왜냐하면 그는 참되게 믿는 자들에게 오류의 가르침을 전하지 않을 것이기 때문이다.

철학적인 사고에 익숙하지 않은 대중에게는 이미 대상의 견지에서 믿음의 필요성이 발생한다. 그들은 하나님 인식에 익숙하지 않으며 하나님을 이해함에 있어 나타나는 모든 어려움에도 익숙하지 않다. 그들은 단계적으로 신적인 비밀에 익숙하게 되어야 한다. 이 일에 있어 교회의 공동체는 특별한 조력자이다.

그러나 철학적으로 교육받아 지위가 올라가는 사람이라 할지라도 약한 자들과 교육받지 못한 자들의 이러한 공동체를 배려하는 것이 필요하다. 우선 믿음으로 참고 견디고 그 다음에 비로소 인식에로 오르는 것은, 타고난 지적 능력이 있는 사람들에게는 결코 손해를 끼치지 않는다.

어거스틴은 믿음의 행위 자체, 즉 믿음으로부터 종교적인 인식에 이르게 되는 방법을 세 단계로 묘사한다. 처음에 우선 복된 소식의 말씀들을 듣는 일종의 생각 단계가 있다. 여기서 어거스틴은 "믿음은 들음에서 온다"(롬 10:17)는 말씀을 바울의 의도대로 적절하게 관심을 가지고 다루며 이를 첫번째 단계로 지칭했다.

그 이외에도 믿는 것이 의심할 바 없이 좋다는 인식은 이러한 들음과 연결되어 있다. 제도들과 인간의 관계들이 존재할 수 있기 위해서는 이미 일상생활에서부터 신뢰하는 믿음이 필요하기 때문이다.

믿음 자체는 아직 이해되지 못한 것이 지식과 납득으로 변환되는 것을 목표로 하는 사고의 한 형태이다. 이로써 세번째 단계에서 믿음의 행위는 종료 된다.

396년 로마서를 읽기 전에 어거스틴은 이렇게 믿음이 지식으로 변환되는 것을 이생에서 완전히 해결할 수 있는 과제로 간주하였다. 또한 그는 (산상수훈의 말씀과 일치하여) 이생에서 참된 평안이 이루어질 수 있다고 믿었다. 그러나 396년 이후 어거스틴은 인간의 이러한 능력을 불신하게 되었으며, 믿음이 지식으로 또는 믿음이 인식으로 변환되는 것은 저 세상에서야 비로소 이룰 수 있는 것으로 이해했다.

어거스틴의 믿음과 이성에 대한 이러한 관계규정은 신학의 역사에서 철학을 신학의 시녀로 본 후기 중세의 공식을 우리에게 안내해 준다. 철학은 말하자면 신학을 위한 준비인 것이다.

Augustinus

5. 그리스도

자신이 언제 기독교로 전향했는가라는 질문에 대해, 어거스틴은 "끝없이 숭고하신 하나님"께서 겸손하게 인간에게 오셨다는 사실을 깨달았을 때 그리스도인이 되었다고 회상하며 분명히 밝혔다. 겸손으로 인간에게 애착을 보이시는 하나님의 자비는 어거스틴의 기독론에 있어 중심된 사상이다. 어거스틴은 이 주제에 강하게 감동이 되어 인간되심 이라는 표현 대신에 단지 겸손이라고 표현했을 정도이다. 이교도 디오스쿠르(Dioskur)에게 보내는 편지에서 그는 기독교의 본질이 무엇인지에 대한 질문에 다음과 같이 답했다.

> 만일 당신이 내게 기독교의 본질이 무엇인지 묻는다면, 나는 겸손이라고 말할 것이다. 만일 당신이 내게 두번째 질문한다면, 나는 다시 겸손이라고 말할 것이다. 그리고 당신이 내게 계속하여 묻는다고 할지라도, 나는 계속하여 겸손이라고 대답할 것이다(『편지』 118, 22).

어거스틴은 마니교로 향했을 때에도 항상 그리스도인이었다. 그가 『호르텐시우스』에서 그리스도의 이름을 헛되이 구했다고 회고하면서 적은 것은 나중에 첨가한 내용이 아니라 사실이다. 어거스틴은 단순히 순전한 이교도에서 그리스도인으로 회심한 것이 아니다. 그는 그리스도인 부모에게서 태어나 자란 그리스도인이며 후에는 또한 세례 지망자였고, 자신을 늘 그리스도인과 교회의 일원으로 간주하였다.

그의 회심은 두 개의 강한 뿌리를 가지고 있다. 하나는 『플라톤주의자들의 책들』(*Libri Platonicorum*)에 대한 독서이고, 다른 하나는 그리스도의 겸손의 모범을 주목한 것이다. 『플라톤주의자들의 책들』은 어거스틴에게 하나님의 영성과 숭고함을 보게 해 주었다. 또한 그리스도의 인격을 바라봄으로 어거스틴은 그리스도가 단순히 인간이 추구하는 목표만이 아니라 그리스도인이 걸어가는 길 자체라는 사실을 알게 되었다. 이런 점에서 어거스틴은 회심 가운데 그리스도를 모든 구원의 중재자로 발견했다고 볼 수 있다.

이 시점부터 이러한 "그리스도는 길이며 고향이다"(Christus via et patria)라는 생각은 어거스틴에게 중요한 의미를 지니게 되었다. 겸손이라는 명칭 외에도 그리스도에 걸맞는 다른 표현으로 "길과 고향"이라는 표현이 사용될 정도이기 때문이다. 그리스도는 어거스틴에게 고향이었다. 그는 이러한 생각이 요한복음 서론의 "태초에 말씀이 계시니라"는 말씀을 통하여 밝혀지고 있다고 보았다. 그리고 그리스도는 말씀이기 때문에 태초에 하나님과 함께 하셨다. 그러나 요한복음의 서론은 "그리고 말씀이 육신이 되었다"라는 말씀으로 끝나기 때문에, 어거스틴은 그리스도의 존재방식을 두 가지로 구분한다. 바로 "하나님의 모양"(in forma Dei)과 "종의 모양"(in forma servi)이다.

> 그는 하나님의 존재방식 때문에 하나님의 아들이다. 그는 종의 존재방식 때문에 사람의 아들이다(『시편 강해』⟨en.Ps.⟩ 63, 3).

어거스틴은 마니교도 펠릭스(Felix)에 반대하여 완전히 고전적인 형식으로 다음과 같이 썼다.

> 그는 인성을 취하셨고 신성은 잃지 않으셨다. 그러므로 그는 동일한 분, 하나님과 인간이시다. 하나님의 본성에서 그는 하나님과 같고, 인간의 본성에서 그는 죽을 존재가 되었고 우리 안에서, 우리를 위해서, 우리들 중 하나이다. 그 분은 과거에 존재하던 상태(신)에 머무르며 동시에 이전에 없었던 존재(인

간)를 받아들이신다(『마니교도 펠릭스에 반대하여』〈c.Fel.〉 2, 9).

이러한 기독론적 언급의 배후에는 빌립보서의 바울의 그리스도 찬송시(빌 2:6-7)가 있다. 어거스틴은 이 빌립보서-찬송시를 천번 이상 인용하였다.

하나님의 형체이신 그는 하나님과 동등됨을 마치 도둑처럼 취하지 않으셨고, 자기를 포기하고 인간이 되셨다.
[개역개정: 그는 근본 하나님의 본체시나 하나님과 동등됨을 취할 것으로 여기지 아니하시고 오히려 자기를 비워 종의 형체를 가지사 사람들과 같이 되셨고]

어거스틴처럼 잘못과 악에 대한 경험으로 고통당하는 사람에게 있어 인간됨(성육신)은 구원과 마찬가지로 단순히 선(善)이 발전된 것으로, 더 높은 것으로 향하는 교육과정 및 학습과정의 국면으로 파악될 수 없다. 게다가 잘못과 악에 대한 경험들이 어거스틴의 생애에서는 너무 격렬하다.

그러므로 성육신의 목표는 피조물이 찬미되도록 단순히 피조물을 계속하여 발전시키는데 있는 것이 아니라, 피조물의 치유에 있다. 그러므로 어거스틴이 그리스도에 대해 가장 자주 사용한 용어는 "의사 그리스도"였다. 이러한 용어를 선호했다는 사실은 어거스틴이 특별히 관심을 갖고 있었던 것이 무엇인지를 보여준다.

그리스도는 인간을 가르치는 교사에 불과한 것이 아니다. 그 분은 단순히 율법을 해석하는 위대한 예언자만도 아니며 바른 길을 지시하는 계몽자만도 아니다. 그리스도는 우선적으로 인간을 치료하시는 의사이다. 피조물과 인간의 상처는 너무나 깊기 때문에, 의사가 먼저 손을 이들에게 얹어 놓아야만 한다(『설교』〈s.〉 142, 1).

또한 어거스틴은 다음과 같이 설교한다.

죄인을 치료하는 것 외에 주 그리스도가 인간 되신 이유는 없다. 병들을 잊어버리라! 상처들을 잊어버리라! 의술을 위한 근거는 더 이상 없다. 하늘로부터 이러한 위대한 의사가 내려오신 것은 전 세계에 심한 환자가 있기 때문이다. 이 심한 환자는 바로 인류이다(『설교』 175).

아담(Adam)에게서 인류는 하나가 된다. 아담은 그리스어로 동서남북의 첫 글자가 된다. 다음과 같은 아크로스틱 형식으로 표현될 수 있다.

A-natole	=	동
D-ysis	=	서
A-rktos	=	북
M-esembria	=	남

아담과 함께 온 인류는 거대한 항아리처럼 이 땅에 떨어졌고

개별적인 조각으로 깨어졌다. 그러나 이들은 이제 새롭게 새 아담, 즉 그리스도 안에서 다시 연결된다. 아담의 죄는 교만이다. 그러나 그리스도의 겸손이 아담의 죄를 치료한다.

어거스틴은 선한 사마리아인의 예에서 인간의 상황과 인간 구원의 필요성을 매우 분명하게 보았다. 강도를 만난 사람은 아담이다. 아담은 강도들에 의해 뭇매를 맞은 뒤 길가에 쓰러져 있다. 선한 사마리아인인 그리스도가 아담을 치유하시고 전 인류를 치료하신다.

어거스틴이 의사라는 칭호 외에 그리스도에 대해 사용한 두 번째 중요한 칭호는 구속자(Erlöser)이다.

우리의 주이며 구원자, 구세주이신 그리스도는 우리를 위해 죽으시고 자신의 피를 몸값으로 희생하심으로 우리가 구원 받도록 하셨다. 그 분은 우리의 변호사이고 재판관이시다(『설교』107).

그리스도는 구속자로서 활동하신다. 즉 악마에게 이의제기를 하거나(변호자) 또는 몸값을 지불함으로써 인간을 되사신다(상인).
구원자 칭호에 대한 마지막 변형인 상인이라는 칭호를 어거스틴은 다음과 같이 해석한다.

보라! 그리스도는 우리를 위해 고난 받으셨다. 상인은 자신의 구매금을 제시했다. 그 분이 지불한 비용이란 바로 우리를 위해 흘리신 자신의 피이다. 말하자면, 그분은 우리를 위한 비용을 자루에 담아 나르셨고, 그가 창에 찔리심은, 그 자루가 찢어진 것이며 온 세상을 위한 그 비용은 우리에게 남겨졌다(『시편강해』 2, 28).

이 비용으로 거대한 교환은 시작되었다. 이것에 대해 예배전례는 다음과 같이 전해 준다.

그리스도는 자발적으로 죽음을 가지실 수 없었다. 그리고 우리는 자발적으로 생명을 가질 수 없었다. 그러므로 우리는 그 분으로부터 생명을 받고 그 분은 우리에게서 죽음을 받으셨다. 보라, 이 얼마나 굉장한 교환인가를!(『설교』 80).

어거스틴이 예수 그리스도의 인격을 표현하는 용어로는 대략 20여개의 다양한 호칭이 있다. 그러나 이 모든 호칭의 기초는 그리스도가 구원의 유일하고 참된 중보(중재)자라는 것이다. 디모데전서 2:5을 지속적으로 증거로 내세우며 (왜냐하면 하나님은 한 분이시요 또 하나님과 사람 사이에 중보자도 한 분이시니 곧 사람이신 그리스도 예수이기 때문이다) 어거스틴이 강조한 사실은, 그리스도는 신성과 인성의 일치를 근거로 하여 전적으로 중보자이시라는 것이다. 그의 완전한 인성은 그로 하여금 인간의 모든 불완전함을 이해할 수 있도록 하고 또 이것을 떠맡을 수 있도록 하였다. 그리고 그의 신성은 이러한 죄들을 제거할 수 있었다.

이러한 사상들(그리스도 안에서 신성과 인성의 일치)로써 어거스틴은 레오 대제(Leo der Große)를 통하여 칼케돈 공의회(451)의 기독론 공식에 대한 서방의 예비자가 되었다. 칼케돈 공의회의 공식은 신성과 인성을 예수 그리스도의 한 인격 안에서 생각하고자 시도한 것이었다.

그리스도는 구속자이며 화해자이시라는 두 개의 칭호는 그리스도의 구원(구속)행위를 표시한다. "구속자"라는 호칭에는 그리스도의 행위를 무엇보다도 악마의 노예 신분으로부터 되찾는 행위로 강조하는 전통이 스며있다. 그리스도는 또한 하나님과 인간 사이의 평화를 회복하신 분이고, 그 점에서 그는 본질적인 "화해자"이다.

창조행위와 관련하여 어거스틴이 강조하는 것은, 그리스도는 창조주(*creator*)이고 새로운 (재)창조주(*recreator*)라는 점이다. 이에 따르면 그의 창조행위는 새로운 창조이며 동시에 피조물을 원래의 상태로 복귀시키는 것이다.

창조주(*creator*)/ 새로운 창조주(*recreator*)/ 구속자(*redemptor*)/ 화해자(*reconciliator*)와 같은 이러한 모든 형식들에서 넌지시 표현되는 것은, 구속이란 처음에로 복귀하는 것이라는 사실이다. "재"(re-)라는 공식(비록 그 의미와 유래가 많은 경우에 있어 여전히 연구되어야만 할지라도)은 처음에로의 복귀라는 원형의 순환 사상을 보여준다. 그렇다면 구속이란 어떤 새로운 것을 가져다주는 것이 아니라, 단지 거대한 복구 작업인 것이다. 하지만 "놀라운 갱신"이라는 비교 공식은 이것과 대립된다.

따라서 인간은 자신의 낙원의 상태로 되돌아간다. 이러한 이해는 (계속하여 신플라톤적인 사상에 고취되어) 라틴 전통에서 지지를 받고 또한 어거스틴에 의해 공유된 견해, 즉 구속받는 자들의 수는 창조의 처음에 타락한 천사들의 수와 일치한다는 견해와 일치한다. 이 천사들은 악마들로 타락했고, 이제 온전한 시작을 되찾는 것이 필요하다. 이러한 복귀사상에는 당연한 결과로서 또한 어거스틴의 "예정" 가르침이 뒷받침을 하고 있다.

구속과 복귀는 그리스도를 통하여 일어난다. 따라서 그리스도는 모든 은혜를 중개하는 원칙이며 또한 구원받은 모든 사람들의 기초가 된다. 많은 정화 후에 모든 피조물이 하나님께 복귀한다고 본 오리겐(Origenes)의 동방신학과는 완전히 다르게, 어거스틴은 이러한 복귀를 우선적으로 단지 부분적인 것으로 파악했다. 그러나 신학적인 체계들이 하나의 종속문장을 통하여 파괴될 수 있는 것처럼, 어거스틴이 구속받은 자들의 제한된 수에 관한 생각을 진술하는 설교에는 또한 무의식중에 모순되는 문장이 나온다.

그러나 아마도 또한 몇 명이 더 있다.

모든 구속은 중재자이신 예수 그리스도의 희생에 근거한다.

이 희생은 동시에 고난의 성례이자 화해의 성례이다. 그리스도는 고난 받으시고 악마에 대한 승리를 획득하셨는데, 자신의 피를 몸값으로 지불하셨기 때문이다. 따라서 죽음과 부활은 그리스도의 승리에 대한 표시이다. 그리스도의 죽음은 인간을 영혼의 죽음으로부터 구원하였다. 모든 인간은 첫번째 사망인 육신적인 죽음을 겪는다. 인간이 죄 안에 지속적으로 머물게 되면 두번째 사망, 즉 영혼의 죽음을 당한다. 그러나 그는 죄 안에 계속하여 머물 필요가 없는데, 왜냐하면 그리스도가 그를 구속하셨기 때문이다.

그리스도의 구원사역은 어거스틴에 의해 신학적으로 모범과 도움(*exemplum et adiutorium*)이라는 개념의 쌍으로 표현된다.

고대 교육학으로부터 어거스틴은 역사의 모범들을 포함하는 많은 모범-수집들을 알고 있었다. 역사(구원의 역사를 포함하여)는 보다 높은 차원으로 이끄는 도덕적인 교육이다. 이러한 이해와 일치하여 젊은이들에게 (또한 믿음 안에 있는 자들에게도) 역사 및 믿음의 영향력이 강한 예들이 눈앞에 제시되어야 한다.

따라서 고대 이교의 모범-수집들 외에도 이미 기독교 모범들(욥, 아브라함, 사도들, 순교자들)이 존재하는데, 이 기독교 모범들은 권고로, 설교로, 교리문답으로 그리스도인들에게 제공된다. 그러나 신앙의 모범들은 (이것들은 단지 환기시키고 동기를 부여하는 예들이기 때문에) 말씀을 받아들이고 회심할 사람의 인식과 이성에 호소하는 신중한 들음의 단계에 머무른다. 이 예들이 믿음에 의해 완성되지 않는다면, 그것들로서는 충분하지 못하다.

하나님은 각기 다른 시대에 인간들에게 시대에 따라 치료교육적인 의도에 걸 맞는 각각의 다양한 모범들을 제공하셨다. 족장들과 선지자들은 유대 민족의 교육을 위해서는 충분했다. 구약의 오래된 예들에 덧붙여 신약의 새로운 모범들(exempla nova)이 보충되었다. 모범들은 매우 명료하기 때문에 설교에서 자주 다루어졌다. 모든 것을 능가하는 그리스도의 예는 우선적으로 선에 대한 인간의 불가능성이라는 부정적 배경에서 인간의 상황을 뚜렷하게 증명해 준다.

그러므로 증명으로서의 그리스도의 인간되심은 두 가지 관점을 갖고 있다. 즉 부정적으로는 죄의 폭로이고, 긍정적으로는 하나님의 은혜에 대한 가르침이다. 그러므로 출생부터 죽음까지 그리스도의 인생은 삶의 전형(典型)이고 부활의 전형이다. 하지만 구속에 대한 이러한 증명이나 암시적인 통지만으로는 인간의 구원과정을 일으키는 데 충분하지 못하다. 여기에 그리스도인의 회심을 돕는 은혜가 덧붙여져야 한다. 이것이 비로소 인간에게 모범을 닮아갈 수 있는 능력을 준다. 모범은 하나님께서 인간의 회복을 위해 사용하시는 치료하는 수단의 하나에 불과하다. 외적인 모범에는 외적인 가르침이, 내적인 도움(adiutorium)에는 모범에 대한 이해와 모방이 속한다. 따라서 은혜로운 도움은 내적인 이해를 가능하게 할 뿐만 아니라 또한 뒤따름을 위한 은혜로운 후원이다. 어거스틴은 반(反)펠라기우스 주의 논쟁에서 외적인 예와 내적으로 작용하는 은혜에 대한 구분을 "모범과 성례"(exemplum et sacramentum)라는 간단한 형식으로 나타내었다. 이것으로 내적인 은혜작용은 교회의 외적인 성례와 연결되어 있다.

이렇게 어거스틴은 교회론을 위하여 중재자라는 사상(중재사역을 위한 조건으로서 한 인격에 신성과 인성이 있다)을 열매 맺게 하였다. 교회는 그리스도 전체이고 그리스도는 교회의 머리이다. 그래서 교회는 가르침을 위한 외적인 예들과 내적인 은혜작용을 제공한다.

6. 삼위일체 하나님

    4세기와 5세기에 하나님에 관하여 숙고한다는 말은 곧 삼위일체에 관하여 숙고한다는 뜻이었다. 성경에서 아버지와 아들과 성령에 대해 말하는 것뿐만 아니라 "아버지에게 영광이 있을지어다…"라는 기도의 결말형식, 그리고 삼위일체 하나님의 이름으로 세례를 주라는 세례명령이 모두 삼위일체를 가리킨다. 플로티누스(Plotin)와 포르피리우스(Porphyrius)의 신플라톤주의 철학은 기독교 사상가들에게 삼위일체에 대한 가르침을 정확하게 표현하도록 강요했다. 만일 우리가 하나님 안에서의 변화(이것은 창조와 성육신을 말한다)를 생각하고자 한다면, 이것은 오직 삼위일체론의 도움으로 가능하다. 신플라톤주의 철학과 기독교 신학(철학과 신학의 분리는 고대에는 낯선 것이다)은 신적인 것을 항상 삼위일체의 관점으로 생각했다. 이런 경우, 유일한 존재가 로고스와 어떤 관계에 있는가에 대한 질문은 다양하게 대답된다. 플로티누스는 로고스의 위치를 종속적인 것으로, 포르피리우스는 동등한 것으로 생각했다.

이러한 철학적-신학적 노력의 첫번째 큰 단계는 325년 니케아 공의회에서 이루어졌다. (아리우스〈Arius〉사제에 의해 발단이 되어) 여기서 제기된 질문은 아들이 아버지와 같은 본질인가 하는 것이었다. 아들이 아버지와 동등한 능력을 갖고 있는지, 따라서 계시하고 구원할 수 있는지 구체적으로 질문되었다. 그때까지 기독교 신학은 아들을 아버지에 종속시켜왔다. 따라서 아리우스는 전통적인 입장을 대표하고 있는 것이다.

아들의 신성에 대해 새로이 던져진 질문은 구속의 가능성에 관한 불안에서 생겨난 것이었다. 아들이 단지 종속된 신성이라면, 그는 계시하고 구속할 수 있는가? 또는 "모든 피조물보다 가장 먼저 만들어진 존재"일지라도, 그 자신은 "만들어진 신성"으로서 스스로는 구속이 필요하지 않는가?

아들은 아버지와 본질적으로 동일하다는 니케아 공의회의 결정은 신학적인 호기심에서 이루어진 것이 아니다. 이 교리적인 새로운 형식의 내적인 동기는 인간의 구속의 필요성에 대한 요청이었다. 그렇게 하여 그것은 니케아 교리에 포함되었고, 동시에 이를 통하여 기독교는 창조 및 구속 종교로서 확인되었다. 세례명령과 교회 기도의 전통에 의해 강화되어, 381년 콘스탄티노플 공의회에서는 성령 또한 다른 신적인 인격과 본질에 있어 동일한 것으로 확정되었다. 이로써 (교리적인 관점에서 보면) 삼위일체론이 종결된 것이다. 그러나 이러한 가르침은 아직 철학적-신학적인 차원에서는 결코 규명되지 않았다. 이 작업을 수행한 것은 그 이후 세대의 신학자들이었고 그들 가운데 서방에서는 어거스틴이 있었다.

라틴 서방에서 수사학자 마리우스 빅토리누스(Marius Victorinus)는 그리스 플라톤주의자들의 번역자로서 위대한 중재자 중 한 사람이었다. 그는 삼위일체론을 이해할 때 플로티누스보다는 오히려 포르피리우스를 의지했는데, 포르피리우스는 삼위일체의 사상에서 서로의 관계가 종속적인 것이 아니라 상호간 동등하다고 생각했다. "밀라노 플라톤주의"와 마리우스 빅토리누스를 통하여 어거스틴은 포르피리우스의 사상에 정통하게 되었다.

그러나 삼위일체에 대한 어거스틴의 해석은 철학자들과는 다르다. 그는 『삼위일체에 관하여』(*De trinitate*) 제 8권에서 사람이 한 하나님뿐만 아니라 삼위일체도 사랑할 수 있는지에 대한 문제를 논의한다. 만일 그것을 원한다면, 삼위일체를 이해하고 사랑하고자 시도해야만 한다. 그러나 우리는 이것을 처음에만 창조로부터의 표상들을 통하여 할 수 있을 뿐이다. 내적인 인간, 즉 마음(*mens*, 정신)이 하나님의 형상에 따라 창조되었기 때문에, 사람들은 삼위일체의 흔적들을 발견하기 위해서 마음에서 찾아야 한다. 마음 안에 있는 여러 관계들에 관한 자세한 서술들에서 어거스틴은 지혜의 형상(*imago sapientiae*)이라는 이론을 수립한다. 즉 인간이 하나님을 회상하고(*memoria Dei*) 하나님을 인식하고(*intelligentia Dei*) 사랑한다면(*amor in Deum*), 그는 대부분 삼위일체 하나님의 형상인 것이다(『삼위일체에 관하여』 14, 12, 18).

하나님은 행동하실 때 인간에게 항상 이해할 수 있는 존재로서 행하신다. 신적인 세 인격 모두가 하나의 본질이기 때문에, 한 하나님의 행동에 있어 삼위일체가 동시에 함께 작용한다. 따라서 외부로 드러나는 하나님의 행동은 항상 삼위일체적으로 규정되어 있다. 그러므로 어거스틴은 단지 정신에서만이 아니라 전체 피조물에서도 삼위일체의 흔적을 발견할 수 있다고 생각했다. 피조물로부터 하나님을 인식할 수 있다는 문장(롬 1:19-20)은 적어도 젊은 어거스틴에게는, 심지어 피조물로부터도 삼위일체 하나님을 인식할 수 있음을 의미하는 것이었다.

인간 의식의 이러한 세 부분의 구조를 통해 어거스틴은 인간 안에 기억(*memoria*), 인식(*intelligentia*), 의지(*voluntas*)가 어떻게 채워져 있는지를 명확하게 할 수 있게 되었다. 뿐만 아니라 그는 삼위일체에 대한 믿음의 근거로서 타당한 논증을 제시할 수 있다. 왜냐하면 인간 정신의 분석을 통하여 정신의 다양한 작용들이 "삼위일체의 구조로" 연관되어 있다는 사실을 보여주었기 때문이다. 이를 통해 어거스틴은 두 가지 중요한 진보를 이루었다. 하나는 어거스틴이 "심리학적인 삼위일체론"에서 삼위일체론 이해를 위한 기초를 준비했다는 것이다. 다른 하나는 그가 성부-성자-성령의 관계 이해를 위해 관계(relatio)범주를 매우 중요한 것으로 부각시켰다는 점이다.

어거스틴은 하나님의 통일성(무엇보다도 삼위성의 전개)에 대한 강조가 또한 다신론에 대한 방어로도 유효하다는 사실을 의심하지 않았다. 여기서 그는 의식적으로 포르피리우스를 반박한다. 만일 삼위일체론을 고대 다신론의 연속으로 이해한다면 이것은 완전히 잘못 이해한 것이다. 인간 안에서, 다시 말해 영혼 안에서 이러한 세 갈래의 구조는 증명 가능한 것이다. 그리고 이런 점에서 이것은 또한 실제적인 것이다. 왜냐하면 인간 외에 인간에게 더 가까운 것은 없으며 "하나님은 인간 자신보다도 인간에게 더 내적으로 계시기"(『고백록』 3, 6) 때문에, 인간 마음의 생각에서 참된 구조들과 규정들이 처음으로 순전하게 존재한다.

그러나 어거스틴의 신론 및 삼위일체론은 일반적으로 통일성(단일성) 사상에 의해 규정되어 있다. 그래서 그의 삼위일체론에 대해 심지어 양태론이라는 비난이 가해질 정도이다. 양태론에 따르면 세 위격은 바로 한 하나님의 표현양태들(modi)라는 것이다. 하나님의 통일성 근거 앞에서 두 가지 발출

(*processiones*)이 차이를 뒷받침하고 하나님의 세 위격성의 토대를 마련한다. 성자의 첫번째 발출은 전통적으로 성부로부터 유래한다고 이해되어왔다. 알렉산드리아 학파의 전통을 따라 어거스틴은 성령이 성자와 성부로부터 유래함을 가르친다. 어거스틴이 전통 외에 주장한 주요한 근거는 성령은 아버지와 아들의 영이라는 성경의 증언이다. 다양한 영들에 관하여 말하는 것이 아니기 때문에, 성령은 성자와 성부로부터 유래해야만 한다는 것이다.

신적인 세 위격 모두가 한 본질이기 때문에, 모든 특성이 세 위격에게 같은 방식으로 귀속되어야만 한다. 만일 하나님이 역사하시는 주체로서 창조의 일을 행하신다면, 그는 그것을 삼위의 형태로가 아니라 유일한 한 하나님으로서 행하는 것이다. 각각의 신적인 위격이 개별적으로, 하지만 삼위로서 창조하신다. 이런 점에서 외적으로 미치는 영향은 삼위일체 형태이다. 그 결과 어거스틴은 구약성경의 하나님 현현(아브라함에게 세 청년의 나타남[창 18장])을 삼위일체의 현현으로 해석할 수 있게 되었다. 이것은 의지에 따른 현현이고, 본질에 따른 현현은 아니다. 어거스틴은 "본질에 따른 현현"(불타는 가시나무에서 하나님께서 모세 앞에 나타나심[출 3장])과 "의지에 따른 현현"(그리스도의 인간되심)을 구분했다. 세 위격의 다양한 현현에 대한 기준을 얻기 위해서였다.

어거스틴의 삼위일체론은 (매우 타당하게) 내재적 삼위일체론이다. 심지어 모든 삼위일체론 가운데 가장 내재적인 것으로 간주될 수 있다. 왜냐하면 어거스틴은 그리스 신학과 다르게 중점을 삼위성이 아니라 하나님의 통일성에 두었기 때문이다. 어거스틴의 사상은 삼위일체론에서 매우 높은 조직적인 정연함에 이른다. 그러나 그는 이러한 삼위일체론을 기도의 삶을 위해 열매를 맺게 하는 데에는 이르지 못했다. 그러므로 기독교 기도전통에서 기도는 성부와 성자에게 향해진다. 손으로 긋는 십자표시와 "성부에게 영광이 있을 지어다…"라는 결말 형식을 제외하고는 기독교 전통에서 기독교 경건의 보편적인 상식에 속하는 삼위일체를 위한 기도는 오늘날까지 결여되어 있다.

이러한 삼위일체론으로부터 어거스틴은 또한 자신의 일반적인 신론을 구상한다. 인간의 영혼 안에 예시되어 있는 삼위일체의 흔적으로 미루어보아 하나님은 단순히 불변하는 비육체적인 존재만이 아니라 인식하고 사랑하는 분이시다. "우리를 위한 하나님"과 "하나님 자신"사이의 긴장은 어거스틴 신학에서 끝까지 고수된다.

이로써 어거스틴 신론의 근본적인 대립명제는 언급되었다. 한편으로 어거스틴은 심지어 명사의 강화형태를 택할 정도로 하나님의 불변성을 매우 강조했다. 즉 불변성(*immutabilitas*)이란 말 대신에 (어거스틴 이전에는 단지 여덟 곳에서만 발견되는) 절대불변(*incommutabilitas*)이라는 단어를 사용했다. 이것은 하나님의 불변성에 대한 사상을 언어적으로도 강화시키기 위함이었다. 그러나 다른 한편으로 하나님은 인간을 위해 존재하시는 "주이며 아버지"(*dominus et pater*)이다. 전자는 본질의 표시(*nomen essentiae*)이고, 후자는 자비의 표시(*nomen misericordiae*)이다.

본질과 자비사이의 이러한 긴장에서 (어거스틴에게 매우 소중한) 길과 고향[조국](*via et patria*)이라는 기독론적인 형식이 새롭게 효력을 발휘하게 되었다. 하나님은 우리에게 관심을 기울이시고, 이를 통하여 우리에게 그리스도 안에서 그에게 이르는 길을 열어주어 본향에 도달하게 하신다.

7. 하나의 교회

어거스틴이 391년에 그리고 그 후 395년에 주교로서 히포 레기우스(Hippo Regius)에 있는 공동체에 대한 책임을 떠맡았을 때, 그는 심하게 균열이 된 북아프리카의 교회 상황을 접하게 되었다. 북아프리카는 도나투스주의 교회와 가톨릭 교회로 나뉘어 있었다. 어거스틴은 자신의 교회로부터 인접한 도나투스주의자들의 교회당에서 부르는 찬송소리를 들을 수 있었다. 분열은 단지 신학적인 근거로만 이루어진 것이 아니라 사회적인 것에도 깊이 뿌리박혀 있었다. 다툼은 격렬하여서, 예를 들어 도나투스파 주교들은 추종자들에게 가톨릭 교인들의 빵집에서 빵을 사는 것을 금할 정도였다.

그러나 어거스틴 시대 북아프리카 교회의 이러한 분열은 이미 2세기 말부터 있어왔던 분열을 계속 이어간 것에 불과했다. 몬타누스주의의 성령운동 및 예언자운동, 육체를 적대시하는 마니교주의, 교회를 분열시키는 도나투스주의 그리고 마지막으로 반달족의 아리우스주의, 이 모든 것은 처음으로 번창한 북아프리카 교회가 이슬람의 침략이후 역사에서 아주 사라지게 되는 결과로 이어졌다.

도나투스주의는 디오클레티아누스 황제의 그리스도인 박해에 뿌리를 두고 있다. 그 당시 박해하는 공직자들은 황제 숭배를 위한 제물과 성경도 반납할 것을 요구했다. 그렇게 성경을 반납한 자들, 즉 배교자들(traditores)은 북아프리카 전통에 따르면 교회의 직무행위를 할 수 없는 것으로 간주되었다. 박해 때문에 신앙을 거부한다는 것은 이들이 더 이상 성령을 갖고 있지 않음을 명백하게 보여주는 것이었다. 그러므로 이들이 직무를 떠맡을 수 없는 것은 당연한 일이었다. 카르타고의 주교 멘소리누스(Mensorinus)의 죽음 후에(311년) 그의 부제인 카이실리아누스(Caecilianus)가 후계자로 선택되었다. 이 사람은 이미 카르타고의 공동체 내에서 논란이 되었던 사람이다. 이 사람을 안수한 세 명의 주교들 가운데 적어도 한 명이 "배교자"(traditor) 라는 비난을 받고 있었기 때문이다. 카르타고 공동체는 분열되었고 마이오리누스(Maiorinus)가 대립주교로 선출되었다. 마이

오리누스가 죽은 후(313년) 40여 년 동안 도나투스가 카르타고의 주교가 되는데, 분열을 상징하는 도나투스주의라는 명칭이 이 사람에게서 온 것이다.

두 교회가 346년까지는 두 개의 인정받은 종파처럼 비교적 평안하게 서로 존립한 것처럼 보였다. 그러나 도나투스파가 우세하게 되자 그들은 도나투스로 하여금 황제 콘스탄티누스(Konstantinus)에게 카르타고의 주교로서의 합법성에 대한 인정을 요구하도록 유혹한 것 같다. 황제의 특별위탁을 받은 파울루스(Paulus)와 마카리우스(Macarius)는 도나투스의 청구를 조사한 후 그것을 기각하고 도나투스파의 교회재산을 몰수할 것을 명령하였다. 이러한 "마카리우스 시기"(*tempora Macariana*, 국가 관료 마카리우스가 도나투스파를 가혹하게 다룬 시기)는 박해 때문에 도나투스파가 순교를 각오하는 결혼식으로서 기려졌다. 가톨릭 측에서는 391년 이후로 수석대주교 카르타고의 아우렐리우스(Aurelius)와 어거스틴의 지도아래 많은 종교회의 활동이 펼쳐졌다. 이 활동은 또한 되돌아오는 도나투스 성직자들을 받아들이고 그들의 자리를 유임시키고자 하는 의도를 가졌다.

411년 6월 1일-8일까지 성대하게 열린 일치공의회는 가톨릭교회와 도나투스파의 주교들 각각 270명을 협상의 자리로 이끌었다. 제국의 호민관 마르켈리누스(Marcellinus)의 사회아래 종교회의는 도나투스파에 반대하는 결정을 내렸고 이들에게 되돌아올 것을 요구하였다. 412년 1월 30일 공포된 교령은 전체적으로 초기의 종교회의 규정을 확인하였다. 국가의 권력수단이 투입됨으로 412년 이후 도나투스주의는 역사에서 사라지게 되었다. 특히 어거스틴이 이러한 강제조치에 대한 정당성을 인정한 것("사람을 강권하여 데려다가"[눅 14:20-23])은 이러한 강제조치가 취해지는 데 결정적인 기여를 하였다.

도나투스주의 자체의 신학에 관하여 사람들은 (티코니우스 〈Tyconius〉를 제외하고는) 거의 말하지 않는다. 도나투스주의의 자기이해에 특징적인 것은 임직에 대한 아프리카 교회의 오래된 이해인데, 여기에서는 성례를 베푸는 사람의 자격이 성례의 유효성에 대한 조건으로 간주되었다. 도나투스주의는 과거에 있었던 순교자들의 신학적 사고를 대변했는데, 이 신학은 콘스탄티누스 황제 이후의 새로운 상황과 신학적으로 그 이전에는 논쟁해보지 않은 것이었다. 교회에 대한 도나투스파의 이해에 있어 가장 특징적인 것은 무엇보다도 교회가 임직자들의 죄로 더럽혀져 있다는 생각이다. 만일 그러한 "전염"이 이루어졌다면, 교회 안에 사는 모든 구성원들은 이것의 영향아래에 있는 것이다. 따라서 교회의 거룩함은 임직자의 활동과 성례의 유효성에 대한 조건인 것이다. 여기에는 또한 도나투스주의의 아킬레스건이 있는데, 도나투스주의자들 가운데에도 적절하지 못하고 나쁜 임직자들이 있었다는 사실이 어거스틴의 논박을 당연히 피할 수 없었다. 순전한 교회, "주름과 흠이 없는" 교회라는 도나투스주의자들의 주장은 현실과 일치하지 않는다는 사실을 어거스틴은 제시할 수 있었다. 사실 도나투스주의자들은 아가의 강해전통(그리스도와 그의 순결한 신부로써의 교회)은 자신들을 위한 것이라고 생각하고 있었다.

도나투스주의에 대한 어거스틴의 방어조치들은 두 영역에서 이루어졌다. 우선 도나투스주의자들을 목회차원으로 대했다. 어거스틴은 도나투스주의의 역사에 관하여 가톨릭 공동체들이 알도록 독특한 『도나투스주의자들에 대항하는 시』를 작성했다. 이것은 대중적인 라틴어로 쓰이고 후렴구를 갖추고 있어 공동체에서 노래하는 데 알맞았다. 이 시에서 그는 "마카리우스 시기"의 국가권력을 통한 타락에 대한 도나투스주의자들의 비난들을 저지한다. 후렴구는 진리를 사랑하고 일치로 되돌아오라고 촉구한다. "평화를 기뻐하는 너희가 이제는 진리를 판단한다"(『도나투스주의자들에 대항하는 시』⟨ps.c.Don.⟩).

어거스틴이 본질적으로 목회적인 노력의 성공을 위해 염려한 것은 좋은 성직자들을 조성하는 일이었다. 그는 히포 레기우스에서 유지된 공동 생활형태(이것은 아프리카에 전형적인 것이 되었고 후에는 수도원 규율의 생성을 통하여 전체 유럽에 모범적인 것이 되었다)와 무엇보다도 성직자들의 삶의 형태에 대해 종교회의에서 공포된 규정들로 이 일을 수행해 나갔다. 어거스틴은 성직자에게 있어서 지도자적인 역할을 수행한다는 것이 무엇인지 잘 알고 있었다. 그러므로 그는 또한 돌아오기를 원하는 도나투스 주교들과 사제들에게, 이들의 명성을 고려하고 종종 이들과 함께 개종하는 공동체도 고려하여 그들의 직함 또한 그대로 두려고 했다(공의회들은 이점에서 어거스틴을 뒤따랐다). 종교회의 활동은 무엇보다도 주교의 위치를 강화시켰다. 북아프리카 교회는 키프리아누스(Cyprianus) 이후로 주교교회였다. 조각을 이은 가지각색의 양탄자처럼 어거스틴 시기 북아프리카 교회는 약 500여개의 주교자리를 가지고 있었다. 여기에는 공의회에 의해서만 제한을 받는 독립적인 주교가 존재하였다. 주교가 최상급 법원이고 재판권소유자이고 교사이고 성찬식의 주재자라는 공의회의 결정은 그러한 자의식이 있는 주교교회와 일치하는 것이다. 어거스틴이 어느 날 성직자 가운데서 품행이 히포의 수도원 이상과 일치하지 않는 한 사제를 발견했을 때, 그는 "성직자의 행실에 관하여"라는 유명한 두 설교에서 자신의 의견을 표명했다(『설교』 355/356). 그는 공통되는 품행의 원칙들을 진술하였으며 이것을 고수하지 못하는 사람은 누구나 즉시 성직자 계급을 떠나야 한다고 결론지었다.

> 내가 주교로 여기 있는 한 그런 사람은 있을 수 없다. 그가 만약 원하는 곳이 있다면 항소하면(아프리카 회의라든지) 되고, 원한다면 배타고 로마까지 항소하러 가면 된다. 그러나 내가 있는 한 그런 사람은 용납할 수 없다.

이것은 위대한 사람의 자의식일 뿐 아니라 실제로 아프리카

주교들의 임무이기도 했다. 사제란 이러한 주교들을 보좌하는 역할로 분류된다.

주교는 공동체에 의해 선출되고 주변에 있는 세 명의 주교에 의해 서임을 받고 "주"(州)의 주교단으로 편입된다. 아프리카에서 교회의 "주"는 단지 약간의 차이만 있을 뿐 국가의 주와 일치한다. 교회의 주 맨 위에는 수석대주교가 있다. 이 사람은 최연장자로 서임된 주교인데, 여기에 하나의 예외가 있었다. 아프리카의 가장 중요한 주에 속하는 아프리카 프로콘술라리스(*Africa Proconsularis*)에서는 카르타고의 주교좌(座)가 대주교의 자리로 부각되었다.

한 주(州)의 주교들은 일 년에 두 번씩 "주"공의회로, 일 년에 한 번씩 아프리카 전체 공의회로 모였다. 카르타고의 수석대주교는 전통적으로 이러한 전체공의회의 의장직을 맡았다. 전체공의회의 중재판정은 최종적인 재판기관이었다. 전체공의회 너머로는 (가령 로마의 권위에) 호소할 수 없었다. 몇 몇 아프리카 공의회들은 "어느 누구도 감히 로마에 호소하지 않도록" 분명하게 금지했다.

북아프리카 기독교의 분열에 직면하여 어거스틴이 기울인 신학적인 노력은 무엇보다도 참된 교회의 표지(標識)로서 교회의 유일성과 일치를 강조하는 것이었다.

교회의 유일성은 그리스도는 오직 한 분이시라는 사실에서 나온다. 어거스틴은 『설교』 71에서 간결하게 말한다.

교회란 우리를 통해 하나님의 유일하신 아들의 몸이 하나가
되어야 하는 그런 공동체이다.

이러한 교회의 유일성으로부터 당연히 교회의 일치성이 나온다. 도나투스주의자들의 주장에 따르면, 아프리카 외부에 있는 모든 가톨릭교회들은 기독교 박해시기에 더럽혀져 거룩한 교회로부터 분리되었으며, 따라서 오직 도나투스주의자 자신들만이 참된 교회라는 것이다. 어거스틴의 신학적인 논증은 그들로 하여금 지역적인 요소(오직 아프리카)로는 분명 모든 것을 충분하고 적절하게 설교하지 못한다는 사실을 자백하도록 만들었다. 이미 신약에서 많은 언어의 존재가 하나의 교회는 많은 민족들로 이루어졌다는 사실을 보여주고 있기 때문이다. 『설교』 268에서 다음과 같이 말하고 있다.

여러 나라의 언어를 말하는 한 명의 사람이 있다. 이처럼 여러 나라의 언어들 가운데 교회의 일치가 있다. 보라. 교회의 일치가 권하는 것이 무엇인지를! 교회의 일치는 전 세계에 퍼져 있다.

교회의 이러한 일치는 무엇보다도 또한 하나의 사도단으로부터 유래한다는 어거스틴의 설명은 기이하게도 아프리카의 도나투스주의자들로 하여금 그의 논증에 대응하게 만들었고

로마에 작은 도나투스주의 공동체를 세우도록 하는 계기가 되었다.

어거스틴의 논증은 그 외에도, 교회의 일치를 깨뜨리는 자는 참된 그리스도를 파괴하는 것이 된다는 사실에까지 이르렀다.

유일성과 일치성 외에 참된 교회의 세번째 표지로서 어거스틴은 평화를 언급한다. 일치의 끈을 끊는 자는 평화를 파괴하는 것이며, 이로써 그리스도의 구속사역을 위태롭게 하는 것이다. 왜냐하면 그리스도는 본질적으로 화해자(reconciliator), 평화 설립자이기 때문이다. 찢어진 교회에서는 그리스도는 자신의 사역을 수행하실 수 없다.

거룩한 자들의 교회라는 도나투스주의자들의 주장에 대해, 어거스틴은 단지 도나투스주의 교회와 이 교회의 많은 임직자들에 대해 실제 삶에서 그들의 다른 행동 및 죄성만을 제기한 것이 아니다. 그는 무엇보다도 밀과 가라지에 대한 신약성경의 비유(마 13:24-30)를 언급하였는데, 이는 추수 때까지 밀과 가라지를 분리하지 말고 서로 그대로 두라는 명령이다. 교회는 거룩한 자들과 죄인들이 혼합되어 있다. 이러한 혼합은 마지막 시대까지 중단되지 않는다. 그러므로 교회는 악한 그리스도인들을 단순히 내쫓거나 꾸짖거나 개신시키려고만 해서는 안 되고, 오히려 이들과 마지막까지 함께 살아야 한다. 선과 악, 의인과 죄인의 구분은 교회나 개별적인 임직자들에게 넘겨진 일이 아니라, 오직 주님이신 그리스도에게 마지막 시기에 넘겨지는 것이다. 이러한 눈에 보이는 죄인과 의인으로 이루어진 교회는 "혼합된 몸"(*corpus permixtum*)이다. 그러므로 어거스틴은 겉으로 눈에 보이고 성직 계급이 있는 교회인 성례들의 공동체(*communio sacramentorum*)와 거룩한 사람들의 결합인 성인(성도)들의 모임(*societas sanctorum*)을 구별한다. 성례들의 공동체에 속한다고 해서 자동적으로 성인들의 모임에 속하는 것은 아직 아니다. 여기서 어거스틴의 설교는, 그가 『신국론』(*De civitate Dei*)에서 이교도의 비난에 대해 방어하기 위한 변론적인 차원에서 이미 전개한 것, 즉 하나님의 나라(*civitas Dei*)와 악마의 나라(*civitas diaboli*)의 구분과 중복된다. 그러나 어거스틴에게 있어 교회는 "아벨 이후의 교회"(*ecclesia ab Abel*)이며 참된 교회는 성도들의 모임만으로 이루어지기 때문에, 그는 엄밀하게 말해 이중적인(또는 사람들은 하나님의 나라를 포함시킨다), 심지어 삼중적인 교회개념을 도입했다. 즉 눈에 보이는 가톨릭 교회, 역사 저편에 존재한 거룩한 자들의 교회, 그리고 하나님의 나라이다. 그렇지만 목회적인 경험과 신학적인 숙고가 정점에 이르렀을 때 그는 더 이상 그와 같은 차원의 개념을 중요하게 여기지 않게 되었다. 즉 가톨릭 교회의 내부에서 유효한 것은 성례들의 공동체와 성인(성도)들의 모임의 구분이다. 구원사적인 해석을 위해 어거스틴은 하나님 나라와 악마의 나라를 구분한다.

8. 성례전

어거스틴의 반(反)도나투스주의 신학을 검증하고 구체화할 수 있는 것은 바로 성례전을 통해서이다. 왜냐하면 만일 성례전(여기서 의미하는 것은 세례와 서품식이다)이 원하는 대로 자주 반복될 수 있다면, 교회의 일치는 위험에 처해지기 때문이다.

어거스틴에 의해 전개된 성례론은 그 특징에 있어서 오늘날까지 누구의 성례전보다도 뒤떨어지지 않는다. 중세와 트리엔트 공의회를 통하여 어거스틴의 성례론은 감명 깊게 확증을 받았다. 이 점에서 어거스틴은 또한 초대교회의 신학에서 전환점을 이루었다. 그는 가톨릭주의의 발전에서 하나의 이

정표였다.

성례라는 개념은 트리엔트 공의회 이후 오늘날의 제한된 의미, 즉 일곱 성례(가톨릭의 전통 교리-역주)를 위해 남겨진 것으로 이해해서는 안 된다. "성례"라는 개념은 어거스틴에게 있어 (전체 초대교회 신학에서처럼) 폭넓은 긴장을 갖고 있다. 헬라어 신비(*mysterion*)라는 말의 번역에 상응하여, 성례(*sacramentum*)라는 말은 구원의 질서에 대한 여하한의 관계 속에 있는 모든 것을 나타낸다. 종교적인 의식들, 경건한 관습들, 신비로운 가르침, 성경의 수수께끼와 비밀 등이 모두 성례일 수 있다. 이 모든 것이 성례인 이유는 이것들이 인간을 외적이고 감각적인 것으로부터 내적인 비밀을 향하여 데려가 주기 때문이다. 성례란 어거스틴에게 있어 그 본질상 표지(*signum*)이다. 다시 말해 성례는 이성을 가지고 진리를 아직 볼 수 없고 감각에 빠져 있는 사람이 감각적인 것에서 정신적인 것으로 상승할 수 있도록 도와주는 표지인 것이다. 성례는 밖으로 어떤 것을 알린다. 사람은 세상의 눈을 통하여 인식하기 때문이다.

각각의 시대마다 적절한 상이한 표시들과 성례들이 존재한다. 할례라는 구약의 성례는 세례라는 신약의 성례로 대체되었고 새로워졌다. 그러나 그리스도의 오심은 본질적인 성례, 곧 성육신의 성례이다(*sacramentum incarnationis*). 구약의 성례들이 피의 표시였던 반면, 그리스도가 영적인 제물로 드려진 후에는 성례의 특징이 변화되었다. 즉 피를 흘리지 않게 되었으며 내적으로 작용하는 은혜를 중재하는 것이 되었다. 왜냐하면 신플라톤주의의 기호이론과 완전히 일치하게, 눈에 보이는 모든 것은 눈에 보이지 않는 것을 가리키는 성격을 갖고 있기 때문이다. 이런 점에서 모든 성례들은 내적으로 작용하는 은혜를 외적으로 표출하는 것이다. 내적으로 작용하는 은혜는 하나님의 자발적 행위를 통하여 외적인 표지와 연결되어 있다. 외적인 표지와 내적으로 작용하는 은혜는 어거스틴의 다음과 같은 유명한 공식에서 만나게 된다.

> [성례의] 요소에 말씀이 더해짐으로 성례가 된다(『요한복음 강해』 ⟨*Io.ev.tr.*⟩ 80, 3).

성례전이 하나님의 자발적 행위에 의해 세워지는 것이라면, 성례전은 또한 베푸는 사람의 유효성에서 벗어나 있다. 어거스틴의 견해에 따르면 성례의 본질적인 증여자는 주교나 사제가 아니라 그리스도이다. 주교나 사제는 행하는 수단 이외에 다른 것이 아니다. 어거스틴에게 있어 본질적으로 중요한 점은 성례는 베푸는 사람에 의존하지 않는다는 사실을 강조하는 것이다. 성례에서 결정적인 것은 은혜를 중재해주는 성례 자체이지, 베푸는 사람이 누구이냐가 아니다. 어거스틴은 이러한 사실을 다음과 같은 유명한 비유로 분명하게 하였다.

물을 흘리게 하는 관이 납으로 되었든 금으로 되었든, 그것은 중요하지 않다. 중요한 것은 물이 흐른다는 사실이다.

이러한 신학 배후에 서 있는 관심사는 다음과 같다. 즉 성례를 받는 사람은, 성례를 베푸는 주교나 사제의 사적인 생활태도, 믿음, 도덕적인 상태에 상관없이 실제로 은혜가 자신에게 제공된다는 사실을 확신할 수 있어야 한다는 것이다. 어거스틴은 자격이 없는 개인들을 경험했고 성자들의 교회에도 여전히 평범하거나 아주 나쁜 사제들이 있다는 사실을 깨닫게 되었다. 그리하여 그는 성례에 있어 본질적으로 근본적인 증여자인 그리스도가 성례를 행하는 사제나 주교보다 중요함을 강조했다. 이를 받아들여 후대의 스콜라 신학은 성례는 베푸는 사람의 실행을 통하여 효력이 있다는 "성례의 인효성"(人效性)(*opus operantis*)보다는 성례는 이루어진 실행을 통하여 효력이 있다는 "성례의 사효성"(事效性)(*opus operatum*)을 인정하였다.

유효하게 서임 받은 사제가 예식에서 성례를 정확하게 베푼 사실을 통해서 성례 받는 것에 안전장치를 한다면, 이것은 받는 사람에게는 안전함을 의미하지만 그 대가로 신뢰성이 손실될 수 있다. 어거스틴은 조직 안에 놓여 있는 이러한 위험을 철두철미하게 보았다. 특히 그가 외적인 행위와 내적인 확신은 일치해야 한다는 사실을 지적했을 때, 그리고 종교회의에서 뿐만 아니라 히포 레기우스의 수도원 조직 안에서 개인적으로 좋은 성직자를 만들기 위해 노력하였을 때 그러하였다.

초대 교회의 중심된 성례는 세례이다. 이것은 1세기 교회가 처했던 외적인 상황에 상응한다. 소수파의 상황에 처해있는 모든 종교적 무리는 적대적인 세력의 강한 외부압력을 견뎌낼 수 있기 위하여 허입조건들을 강화시켜야만 했다. 이것은 터툴리안(Tertullian, † 220년 이후)과 히폴리투스(Hippolytus)가 작성한 것으로 간주되는 교회규정(210)인 『사도전승』(*Traditio Apostolica*)에 잘 나타난다. 거기에는 누가 어떤 조건에서 세례를 받도록 허락되었는지 정확한 규정들이 들어 있다. 콘스탄티누스 황제 이후의 시기에 교회는 문답제도를 만들었다. 이것은 이제 교회로 밀려들어 오는 대중들, 부분적으로 편의상의 이유로 세례를 받고자 하는 사람들을 파악하고 이들의 회심의 진정성을 검토하기 위한 이용수단이었다. 교회가 소수파의 상황에 있는 한, 세례는 전적으로 본질상 그리스도를 뒤따름에 대한 도덕적인 요구의 관점에서 이해되었다. 그리스도를 뒤따르는 것은 널리 퍼진 옛 교회의 용어 "그리스도의 군사"(*militia Christi*), 즉 "그리스도의 군대로 싸움"으로 불려졌다. 이후 사회적인 압박이 사라진 순간 교회는 자신의 "성례 신학"을 발전시켜야만 했다. 왜냐하면 위험도 없는 상황에서 교회로 들어오게 하는, 무분별하게 남발되는 입교식은 점점 더 문제가 되었기 때문이다.

세례란 세례 받은 사람을 하나님을 위해 성별(*consecratio*)하는 표시이다. 그러나 세례는 단지 예식에 그치는 것이 아니라, 본질적으로 개별적인 사람의 헌신의 행위이다. 터툴리안 이후로 북아프리카 교회는 어거스틴이 신학적으로 보강한 다음과 같은 확신을 갖고 있었다. 즉 세례는 내적인 도장을 찍는 것이요 로마군대 군인의 "낙인"과 유사하게 인간 안에 지울 수 없는 기호를 각인키는 것이라는 사실이다.

세례를 받은 사람은 내적인 회심(*conversio*), 즉 개인적인 거룩함을 위한 노력이 적절한 생활형식으로서 요구되었다. 회심이란 성별(*consecratio*)의 도덕적인 이면이다. 따라서 세례를 받은 사람이 짓는 모든 죄는 세례자를 방해하는 방해자인 것이다.

어거스틴의 성례신학 노선에서 볼 때 본질적으로 세례를 베푸는 사람은 결국 세례를 베푸는 주교가 아니라 그리스도이다. 세례를 베푸는 주교의 개인적 자격은 세례의 작용에 아무 영향을 주지 않는다.

이로써 어거스틴은 이단자가 베푸는 세례의 유효성을 근본적으로 인정한다. 그는 자신의 이러한 입장을 가지고 북아프리카의 세례신학을 최종적으로 마무리 지었다.

어거스틴은 성직자 서임(*ordo*)에 대해서도 세례와 비슷하게 논증한다. 서임을 받는 사람은 안수를 통하여 서임의 특성(*character ordinationis*)을 부여 받는다. 이 당시 어거스틴은 서임 받은 사람에게는 지워질 수 없는 표시가 각인된다는 "변함없는 특성"(*character indelebilis*)에 관한 후기 중세의 확신을 아직 갖고 있지 않았다. 그러나 서임의 특성에 대한 언급은 중세신학 진술의 이전단계에 속하는 것이다.

사제들은 초대 교회에서는 주교의 조수에 지나지 않았다. 주교가 있을 경우에 사제들은 돕는 것만이 허락되었다. 어거스틴은 사제로서 393년의 종교회의의 개회설교를 수행하였고(『신앙과 신조에 관하여』〈De fide et symbolo〉로 출판됨), 그 이후로 북아프리카의 사제들은 보다 자주 설교할 기회를 얻게 되었다.

성찬론에서 어거스틴은 암브로시우스(Ambrosius)와 달리 실재론을 주장하지 않는다. 화체설(성체변화 교리)에도 관심이 없었다. 어거스틴의 성찬론의 중심은 개별적인 증여물의 본질변화라는 사상이 아니라 그리스도 전체가 교회 안에 존재하신다는 사상이다. 그리스도는 "교회의 머리와 몸"(totus caput et corpus)이시기 때문이다.

따라서 결정적으로 중요한 사항은 그리스도인이 "그리스도의 몸이 되는 것"이지, 성찬에서 그리스도가 "몸이 되는 것"이 아니다. 어거스틴이 405년과 411년 사이에 새로 세례 받는 사람들에게 행한 설교에는 그의 성찬론의 핵심이 들어 있다.

> 만일 여러분 자신이 그리스도의 몸이고 지체라면, 여러분 자신의 신비는 제단 위에 놓여 있는 것이다. 따라서 여러분은 여러분 자신의 신비를 받는 것이다. 여러분의 지금 모습에 여러분은 "아멘"으로 대답한다. 그리고 이러한 대답으로 여러분은 서명을 하는 것이다. 당신은 "그리스도의 몸"이라고 들

으며 "아멘"이라고 대답한다. 그러므로 당신의 아멘이 참되도록 그리스도의 몸의 한 지체가 되기를 바란다(『설교』 272).

9. 하나님의 나라

410년 8월 24일 고대 세계를 예기치 못할 정도로 뒤흔든 사건이 일어났다. 알라릭(Alarich)의 지휘 아래 고트족의 군대가 로마 도시로 침입하여 3일 동안 로마를 방화 약탈한 것이다. 고트족은 이전에 두 번이나 로마를 포위하였고 주민들을 굶주려 지치게 하였다. 이제 그들이 점령에 성공한 것이다. 로마의 멸망은 신호탄이니 문화충격과 같은 영향을 주었음에 틀림없다. 영원히 무적일 것 같던 영원한 로마가 멸망한 것이다! 402년에 새로 지어진 아우렐리우스 성벽은 공격을 견디어낼 수 없었다. 로마의 멸망에 대한 소식이 베들레헴에 있는 제롬

(Hieronymus)에게 전해졌다. 제롬은 며칠이나 다른 어떤 것도 생각할 수 없을 정도로 충격을 받았다고 증언하였다.

> 모든 나라들 가운데서 가장 밝은 빛이 꺼지고 로마 제국의 머리가 잘렸다. 좀 더 정확히 말해, 전 지구의 유일무이한 도시가 몰락하였을 때 나는 침묵했고 굴복했고 입을 다물었고 변호의 말들을 그만 두었다. 그러나 슬픔이 솟아올라 내 마음은 격렬해졌고, 내 생각 속에서는 불이 타 올랐다(『에스겔 주석』 ⟨*in Ezech., praef.*⟩ 서론).

그리스도인으로서 제롬은 로마에 대한 희망의 붕괴를 애국적인 이교도들과 함께 경험했다. 애국자들은 충격을 받았다.

어거스틴은 달랐다. 착실한 플라톤주의자로서 오래전에 역사로부터 물러나 15년 동안 북아프리카 항구에서 공동체의 주교로 있던 그는 다른 염려들에 몰두해 있었다. 바로 평범한 공동체의 목회자가 가지는 염려들이었다.

그러나 로마의 멸망이 가져온 여파로, 피난민들은 보다 안전한 아프리카에서 도피처를 찾았고 동시에 로마의 멸망은 옛 신들을 등진 결과라는 이교도들의 비난이 동반되었다. 또한 그리스도인들의 신은 로마를 고트족으로부터 보호하는 데 능력이 없는 것으로 증명되었다는 비난이 쏟아졌다. 옛 신들은 로마를 보호하는 일을 수백년 동안 수행했다는 것이다. 그러므로 이제

이 옛 신들을 다시 복권시키는 것이 효과적이라는 주장이었다.

그러나 어거스틴은 이러한 이교도의 비난에 대항해야 할 뿐 아니라, 국가 권력과 기독교 신앙을 연결시켜 새로운 징조 하에 로마의 영원한 권력이 보장된 것으로 간주한 그리스도인 애국자들에 대해서도 대처해야만 했다. 이들의 풋내기 같은 정치적 희망들은 이미 깨졌다. 첫번째 비난은 오래된 것이었다. 다만 이러한 역사적 상황에서 새로이 날카롭게 던져진 것뿐이다. 이것은 변증가[교부]들의 시대 이후로 기독교 교회에 익숙한 비난이었는데, 즉 모든 재앙은 새로운 신과 함께 시작되었다는 것이다. 이런 사실을 고려하면 어거스틴은 그의 작품 『신국론』 (De civitate Dei)과 더불어 전적으로 고대 교회의 변증가들의 전통에 서 있다. 또한 그의 작품은 의심할 여지없이 이러한 고대 문헌양식의 최고에 해당한다.

본질적으로 더 어려운 것은 두번째 질문에 대한 대답이다. 여기서는 정치와 종교를 연결하는 것을 구원으로 바라보는 공상주의자들에게 설득력 있는 응답을 주는 것이 필요했다. 왜냐하면 312년 밀비안 다리에서 그리스도인이 믿는 하나님이 행한 표적으로 콘스탄티누스 황제가 승리한 이후로 왕좌와 제단의 결합을 신뢰하는 그리스도인들의 수가 매우 증가하였기 때문이다. 어거스틴은 세 영역에서 방어조치를 취하였다. 이교도의 신들이 로마의 안녕을 항상 보증했다는 비난에 대해서는 그는 단지 역사적 사실들을 근거로 하여 그것이 허구임을 보여주었다. 그는 로마와 그 신들에 대한 칭송에 분명하게 모순되는 일련의 역사적 사건들을 열거하였는데, 갈리아인들의 침입, 포에니 전쟁, 페르시아인들에게 동쪽 제국부분을 상실한 것 등이었다. 하지만 그는 이러한 역사적 세부사항들에 시간을 허비하지 않았다. 이러한 방어선을 안전하게 하기 위해 그는 스페인 사제 오로시우스(Orosius)에게 로마제국의 역사에 대한 서술을 부탁한다. 오로시우스는 이것을 실제로 417/418년에 펴냈다. 그의 일곱 권으로 된 책 『이교도들을 반박하는 역사들』(*Historiae adversum paganos*)은 비록 모든 면에서 어거스틴의 동의를 얻지는 못했을지라도, 측면을 엄호하는 조처로서 의도된 것이었다.

그러나 이러한 첫번째 역사적 영역에서 어거스틴은 (나라 〈civitas〉 이론의 개념을 위한 준비로서) 면밀하고 냉혹하게 이교 및 기독교 기원의 로마 신화를 근본적으로 파괴하였다. 왜냐하면 로마의 명성을 뒷받침하는 신들 자신은 트로야(Troja)로부터 쫓겨났고 그렇기에 후견을 필요로 하는 존재들이기 때문이다. 어거스틴은 냉소적인 농담으로 자신의 의견을 요약한다.

> 로마의 신들이 없어지지 않았다면 로마는 이러한 실패에서 벗어났을 것이라기보다는, 로마가 신들을 완고하게 붙들지 않았다면 이 신들은 이미 오래전에 끝장났을 것이다(『신국론』 1, 3, 8).

그러나 그리스도인 황제들 역시 (테오도시우스⟨Theodosius⟩를 제외하고) 무비판적으로 평가되는 것은 아니다. 두번째 영역에서 어거스틴은 간과되어서는 안 되는 불행으로 다시 한 번 되돌아간다. 누가복음 12:47(주인의 뜻을 알고도 준비하지 아니하고 그 뜻대로 행하지 아니한 종은 많이 맞을 것이요)을 인용하면서 그는 현재의 고난을 그리스도인들 스스로 자처하여 복음을 멸시한 결과로 설명한다. 그래서 그는 로마가 멸망한다는 비난을, 로마는 과실 때문에 당연하게 매를 맞게 되는 것이라는 언급으로써 저지할 수 있었다(『설교』 81).

이렇게 역사적 현상들에 대한 상반된 의견이 공존하는 것을 근거로 하여 어거스틴은 본질적인 자신의 세번째 관점, 즉 두 나라(civitates)의 개념을 구성한다. 여기에서 그는 서방의 사상에 있어서 가장 위대하고 지금까지의 그 누구보다도 뛰어난 역사 및 역사해석의 개념을 전개한다. 역사적인 상황에서 유일무이한 어거스틴의 업적은 로마 신화에 의해 매료된 동시대인들에게 똑같이 강력한 다른 도시의 표상을 제시하고 있다는 사실이다. 즉 주님이 지으신 도시, 이 세상의 돌로 된 것이 아닌, 그래서 현세적인 멸망에 예속되지 않는 도시인 것이다. 그는 5세기의 당황해하는 그리스도인에게 새로운 표상을 제시함으로써 최종적인 대답을 제공하였다. 그러나 이것은 역사적 상황을 넘어선 것에서만 가능하며, 따라서 어거스틴은 중요하면서도 긴장관계 속에 있는 역사신학에 대한 중요한 구상을 제공해준다.

그러므로 지구 위에 그렇게 많고 큰 민족들이 여러 종류의 풍속과 관습을 가지고 살며 언어, 무기, 의복의 다양함을 통해 구별된다고 할지라도, 인간의 공동체는 두 유형 밖에 없는데, 우리는 이것을 성경에 따라 두 나라라고 부를 수 있다. 하나는 육에 따라 살기를 원하는 인간들로 구성된 나라요, 다른 하나는 영에 따라 살기를 원하는 인간들로 구성된 나라이다. 이 나라들은 각각 자신의 유형과 일치하는 평화 안에 있다. 그리고 그들이 얻고자 애쓰는 것을 얻으면, 그들은 자신의 유형과 일치하는 이러한 평화 속에서 실제로 살게 된다(『신국론』 14, 1).

어거스틴의 역사신학의 출발에는 그의 인간론적 규정이 서 있다. 사람을 각인시키는 두 가지 유형의 사랑이 있는데, 하나는 자기 멸시에까지 도달하는 하나님 사랑(*amor Dei*)이고 또 하나는 하나님 멸시에까지 이르는 자기사랑(*amor sui*)이다. 하지만 한 대상을 공동으로 사랑하는 사람들은 하나의 모임(*societas*)으로, 하나의 국가로 함께 묶여진다(『신국론』 14, 28). 어거스틴은 하나님 사랑(*amor Dei*)과 자기사랑(*amor sui*) 대신에 겸손(*humilitas*)과 교만(*superbia*)이라는 말을 사용하기도 한다. 인간이 세상 전체에서 자신의 위치를 올바르게 규정하면 그는 겸손한 자이지만, 교만은 과도한 자기과시라는 특색을 나타낸다. 따라서 질서가 잡힌 사랑을 가진 나라와 자기사랑의 나라는 대립하여 있다. 하나님의 나라(*civitas Dei*)와 악마의 나라(*civitas diaboli*)는 서로 대립하며 싸우지만 마니교의 이원론에서처럼 독립적이지는 않다. 왜냐하면 두 나라의 구분은 우주적인 것이 아니라 인간론적이기 때문이다. 그것은 마음의 구분인 것이다.

두 나라(*civitates*)의 개념으로부터 깨달을 수 있는 것은, 사랑의 두 가지 형식이 인간을 사로잡기 때문에 각각의 인간은 역사의 진행 속에서 두 나라의 시민이라는 사실이다. 그러나 또한 어느 누구도 이 세상의 삶 가운데, 마지막 날에 자신이 하나님의 나라에 속하게 될 것인지 악마의 나라에 속하게 될 것인지 알 수 없다. 둘 모두 종말론적인 요소로서 그 크기와 범위는 마지막 시대에 비로소 드러나게 된다. 그러므로 두 나라는 국가나 교회와 동일하지 않다. 두 나라의 개념은 교회를 벗어나는 것임을 보여주는데, 하나님의 나라에는 진리를 위해 고난 받는 모든 사람이 속하기 때문이다. 하나님의 나라에는 아벨(Abel) 이후의 모든 의인이 속한다. 이러한 개념은 동시에 교회를 후원하는 것이 된다. 왜냐하면 하나님의 나라에서 주도적인 정돈된 사랑(*caritas ordinata*)의 모범은 교회의 선포(설교)를 통하여 사람들에게 소개되기 때문이다. 그래서 사람들은 교회를 하나님의 나라에 가장 빨리 도달할 수 있는 장소로서 인식하게 된다.

이러한 인간론적-윤리적 숙고 배후에는 인간의 목표인 행복에 관한 오래된 철학적 문제가 서있다. 따라서 어거스틴 역사신학에서 중요한 점은 사회적인 차원으로 적용된 인간론이라고 축약하여 표현할 수 있을 것이다.

『신국론』은 커다란 두 부분을 갖고 있는데, 하나는 어거스틴이 통렬하게 비꼬는 말로 이교도의 종교와 사회를 제압하며 파괴하는 부분이고, 다른 하나는 자신의 입장의 근거를 대는 보다 탁월한 부분이다. 첫째 부분은 다른 경우와 달리 낯선 어거스틴의 모습을 우리에게 보여준다. 그는 우리 앞에 계몽주의자의 옷을 입고 나타나는데, 사실 이것은 그 밖의 경우에는 어거스틴의 관심 밖의 역할이었다. 그는 가차 없이 로마 역사의 신화를 파괴한다(이점에서는 터툴리안〈Tertullian〉만이 견줄 만하다). 로마가 광대해 질 수 있었던 것은 의로움이 아니라 권력욕 때문이었기에 로마 국가는 커다란 도적떼에 불과하다고 비난했다.

> 만일 국가에 의로움이 없다면, 이 국가는 커다란 도적떼가 아니고 무엇이겠는가?(『신국론』 4, 4).

사람들은 이 위대하고 어려운 작품(magnum opus et arduum)의 첫 부분을 읽으면서 어느 정도의 피로현상을 느낄 것이다. 왜냐하면 파괴는 어떤 새로운 관점도 가져다주지 않을 뿐만 아니라 새롭고 종교사적으로 흥미 있는 자료도 포함하고 있지 않기 때문이다.

『신국론』에서 로마의 박식한 사람 바로(Varro)의 종교개념에 관한 토론을 담고 있는 부분은 본질적인 중요성을 보여준다. 바로는 삼중의 신학을 주장하였다. 즉 모든 사람들이 행해야 하는 국가 제식인 시민적 신학(*theologia civilis*, 이것의 장소는 사제가 제물을 바치는 광장이다), 신들에 관한 이야기인 신화신학(*theologia mythica*, 이것의 장소는 극장이다), 마지막은 자연신학(*theologia naturalis*)으로서 그 장소는 철학자들이 신과 신들에 관한 생각들을 토론하는 대기실이다.

모든 사람은 공공의 이익 때문에 국가 제식에 의무가 있으며, 사람들은 원하면 신화신학(*theologia mythica*)에 관하여 생각할 수 있으며, 자연신학(*theologia naturalis*)은 소수의 전문가와 관계가 있다. 그러나 바로는 자연신학에서 신들에 관한 본질적인 언급들이 이루어진다는 사실에 대해 어떤 의심도 하지 않았다.

바로의 이러한 신학이해와 종교이해에 대한 어거스틴의 비판은 시민적 신학(공식적인 기독교 예배)이 자연신학(신학 학문)과 동일하다는 사실을 목적으로 한 것이다. 이교 제식에서 내적인 확신과 외적인 행위가 서로 일치하듯이, 기독교 예배는 외적인 행위와 내적인 확신의 일치를 요구한다. 이것이 『신국론』의 첫번째 주요부분의 본질적인 성과인데, 즉 새로운 종교개념을 획득한 것이다.

첫번째 주요부분이 아직 다신(多神)의 제식 문제를 다루고 있고 그 이전 갈등들을 반영하는 것이라면, 두번째 주요부분에서는 어거스틴은 다른 적, 즉 이교도 철학자 포르피리오스(Porphyrios)를 예의주시한다.

인간이 하나님께 도달할 수 있는 길은 다양하다는 신플라톤 철학의 이해에 맞서, 어거스틴은 예수 그리스도가 하나님에게 이르는 유일한 구원의 길이라는 사실을 강조한다. 모든 다른 길은 그리스도 이전에는 (부분적으로) 정당성을 가지고 있었다. 하지만 그리스도가 오심으로 그 의미는 사라졌다. 그리스도와 교회가 유일한 구원의 길이다. 이것에 비하여 역사의 다른 모든 모델들은 의미가 없는 것이다.

『신국론』의 두번째 부분은 두 나라의 세 단계, 즉 "기원, 진행, 결말"로 전개된다. 인간의 무상함, 타락, 죽을 수밖에 없음, 욕정에 관하여 성찰하는 책 11-14권은 인간론적인 실존을 전해준다.

두 나라의 기초를 이루는 두 가지 사랑형태를 규정함으로써 어거스틴은 일종의 윤리적 공리주의를 제공했다. 이제 그는 제 11-14권에서 이것의 역사적 현상양태를 전개한다. 어거스틴은 제 15-22권에서 세 단계에 일치하여 세계역사의 드라마를 전개한다. 어거스틴에게 있어 역사는 다양한 종류의 역사적 사선들의 연속이 아니라, 한 편으로는 타락에 의해 계획되고 다른 한편으로는 그리스도의 개입을 통하여 새로운 방향으로 향하게 된 종교적인 사건에 해당한다. 그러므로 그의『신국론』은 로마 제국의 연대기 혹은 특정한 역사적인 경과들에 대한 서술에 관심이 있는 것이 아니다. 그런 것들은 오로시우스(Orosius)에게 맡겨졌다. 어거스틴에게 있어 역사는 종교적인 핵심인 예수 그리스도 주위를 도는 것이었다. 그러므로 역사는 역시 이 핵심으로부터만 납득될 수 있다.

이와 반대로, 인간의 실현과 역사의 성취는 저 세상에 놓여 있고 인간의 역사적인 존재는 순례여행(peregrinatio)인 것이다. 인간은 이 세상에서는 고향을 갖고 있지 않다. 제 19권에서 고전적인 평화에 대한 이론들이 폭 넓게 전개되고 기독교적인 관점에서 영원한 평화에 대한 사상을 통하여 완성된다.

> 현세적이고 허무한 것들의 영역에서조차도 평화보다 더 기꺼이 듣고 싶고 더 애타게 열망되고 더 나은 것으로 발견될 수 있는 것은 없을 정도로 평화라는 것은 위대하다(『신국론』 19, 11).

평화의 개념은 어거스틴의 생각에 중심적인 의미를 지닌다. 평화라는 주제는 어거스틴의『신국론』작품 전체를 가득 채우고 있다. 그러나 제 10권에서 가장 자세하게 다루어졌다. 그는 한 설교에서 "거룩한 도시, 믿음의 도시, 이 땅위에서는 낯선 도시"로서의 하나님의 도시에 관하여 말한다. 그리고 "이 도시는 하늘에 확고하게 설립되어 있다"(『설교』 105, 9). 그래서 그는 낯선 하나님 나라에 대한 이러한 근거 제시에서 기독교적인 것과 로마문화에 관한 원칙적인 규정을 전개할 수 있었다. 모든 것들이 질서에 상응하여 자신의 위치를 발견한다면 또는 어떤 잘못된 열망의 방향, 전쟁 혹은 폭력이 주어진 질서를 방해하지 않는다면, 이미 이 세상에서도 평화는 부분적으로 실현된다. 그래서 어거스틴은 평화를 다음과 같이 정의한다.

> 평화는 모든 것들의 질서의 평온함이다(『신국론』 19, 13).

제 19권 13장에서 어거스틴은 더 나아가 포괄적인 평화목록을 전개한다.

> 육체의 평화란 육체 부분들의 질서 잡힌 관계이며
> 비이성적인 영혼의 평화는 본능의 질서 잡힌 안정이며
> 이성적인 영혼의 평화는 생각과 행동의 질서 잡힌 조화이며
> 육체와 영혼 사이의 평화는 생물체의 질서 잡힌 삶과 평안함이며
> 죽을 수밖에 없는 인간과 하나님 사이의 평화는
> 영원한 법에 대해 질서 잡힌 믿음의 순종이며
> 인간들 사이에서의 평화는 명령과 복종에서
> 거주자들의 질서 잡힌 조화이며
> 국가의 평화는 명령과 복종에서 시민들의 질서 잡힌 조화이며
> 하늘나라의 평화는 하나님의 향유 그리고 하나님 안에서
> 서로간에 누리는 가장 질서 잡힌, 조화된 유대이며
> 모든 것의 평화는 모든 질서의 평온함이다.
> 그러나 질서는 동등한 것과 동등하지 않은 것들을 각기 그에
> 마땅한 자리에 배치하는 것이다.

어거스틴의 평화 사상은 평화의 신학에 대한 서방의 위대한 구상에 속한다. 평화라는 개념으로 히포의 주교는 존재론적인 질서 사상을 자연철학적인 개념 및 비유적으로 택해질 수 있는 행위목표의 윤리적 구상과 연결시킨다.

모든 것이 질서 잡혀 마주보게 되는 것이 의미하는 것은, 각각의 피조물은 방해받지 않은 채 그의 자연적인 장소에서 살아야 한다는 사실이다. 하지만 정치적-사회적 평화 질서는 어거스틴에게는 단지 부수적인 주제에 속한다. 다만 어거스틴은 원천적이고 종말적인 신적 평화의 질서를 이 세상의 모든 나쁜 조건들 아래에서 몇몇 현상들 가운데서도 여전히 알 수 있어야 한다고 보았다. 여기에서 성숙한 어거스틴이 정치적인 조직체들을 얼마나 많이 불신했는지 엿보인다. 콘스탄티누스 황제 치하에서의 전환은 이제 백년 전의 사건에 지나지 않았다. 이것은 교회가 열망한 평화의 시기를 가져다주지 못했다.

어거스틴은 이 세상에서의 평화(pax)는 하나님 나라의 영원한 평화(pax aeterna)안에서 실현되는 것으로 보았다. 눈에 띄는 사실은 『고백록』과 『신국론』이 영원한 안식일의 미래상으로 끝맺고 있다는 점이다.

하나님 나라의 주제가 어거스틴에게는 단지 신학적인 구상에 불과한 것이 아니라 또한 마음의 중요한 관심사였음을 그는 스스로 다음과 같이 증언한다.

죽음이 승리에 삼켜지게 되면, 이러한 일들은 더 이상 없게 될 것이다. 그리고 평화, 완전하고 영원한 평화가 있게 될 것이다. 우리는 한 유형의 도시 안에 있게 될 것이다. 형제들이여, 내가 이러한 도시에 대해 말할 때, 그리고 특히 불쾌한 일들이 이 곳에서 커질 때, 나는 더 이상 나 자신을 제지할 수 없을 것이다(『시편 강해』⟨*en.Ps.*⟩ 84, 10).

10. 본성과 은혜

5세기 초에 오늘날 현대인은 전혀 공감할 수 없는 한 사건이 세계의 주목을 끌었다. 저명한 귀족가문 아니치(Anicii)의 딸 데메트리아스(Demetrias)가 영적인 삶을 살기 위해 결혼을 포기하기로 결심을 한 것이다. 제롬(Hieronymus)은 이에 관하여 다음과 같은 편지를 썼다.

이 사건에 뒤따른 기쁨은 글로 표현할 수 없을 정도이다. 키케로(Cicero)와 데모스테네스(Demosthenes)의 달변으로도 그것을 표현하기에는 부족하다. 이 소식에 이탈리아인들은 상복을 벗어 던졌고, 아프리카의 모든 교회는 기쁨으로 환호했다(『편지』 130, 6).

데메트리아스의 할머니 프로바(Proba)와 데메트리아스의 어머니 율리아나(Juliana)는 회심을 계기로 하여 당시 서방 교회의 가장 유명한 신학자인 어거스틴과 제롬과 펠라기우스(Pelagius)에게서 그녀를 위한 영적인 충고의 말을 간청해 얻었다. 냉소적인 제롬이 "영국 출신으로서 스코틀랜드 곡물로 살이 찐 목이 넓은 황소"로 묘사한 펠라기우스는 수도사였고 로마에 정착하였다. 로마에서 그는 영적인 무리의 중심인물이 되었다. 그의 설교는 무엇보다도 그 시대의 기독교가 영적으로 천박해지는 것을 반대하였고 마니교의 기본입장인 염세주의를 비판하였다. 그는 분명하게 도덕적인 원칙으로 "당신은 해야만 한다. 왜냐하면 할 수 있기 때문이다"를 강조하였다. 그러나 인간의 이러한 할 수 있음은 자기 스스로 갖고 있는 것이 아니라, 인간의 본성과 함께 주어진 하나님의 선물이다. 그러므로 펠라기우스는 결과적으로 데메트리아스에게 다음과 같이 편지를 쓴다.

내가 윤리적인 교육과 거룩한 처신에 관하여 말해야 할 때마다 습관적으로 한 일은, 우선적으로 본성의 본질과 그 속성을 논하고 인간 본성이 할 수 있는 것이 무엇인지를 입증하여 이로부터 청중에게 덕의 모범이 되도록 자극하는 것이었다. 우선, 아마 불가능한 것처럼 보이는 것을 하도록 자극하는 것만이 유익하다. 희망이 우리를 인도할 때, 우리는 도덕의 길을 갈 수 있으며 체념은 우리의 노력과 행동을 무너뜨릴 뿐이다. [...] 본성이 선하다는 사실이 강조되면 될수록 삶의 방식은 점점 더 완전해진다. 이 생활방식을 위해 지침을 주어야 한다. 자신 안에는 실제로 아무것도 없다고 생각하며 가진 것이 없다고 느끼기 때문에 아무 일도 할 수 없다고 믿으면서 결국 나태하고 게으르게 되어 버린다. 우리가 지향하는 바가 무엇인지 계속 떠올려야 한다. 그리고 본성은 선을 원한다는 것을 보여주어야 한다. 그러므로 우선 창조자, 즉 하나님과 견주어서 인간 본성의 위대한 선이 어떠한지를 측량해야 한다(『데메트리아스에게 보내는 편지』〈Dem.〉 2).

데메트리아스에게 보낸 펠라기우스의 편지는 고대의 관습에 따라 필사되어 주변으로 퍼졌다. 그 중 하나의 필사본이 어거스틴의 손에 들어오게 되었다. 이 편지는 어거스틴에게는 날카로운 위험 신호였다. 왜냐하면 어거스틴은 회심 이후로 (그리고 더욱더 바울서신을 읽음으로써 얼마 후에) 하나님의 은혜의 필요성과 역사하심을 강조하는 것에 관심을 가졌기 때문이다. 그런데 이것이 바로 펠라기우스의 편지에서 위험에 처해지고 있음을 그는 보았다. 그는 즉시 반응하여 논란이 되는 부분들을 언급했다.

> 우리가 스스로의 힘으로 우리 안에 의로움과 절제와 경건과 순결을 갖고 있기라도 한 것처럼 생각하는 사람들의 오류는 결코 작은 일이 아니다. 이들[펠라기우스주의자들]은 다음과 같이 말한다. 즉 하나님께서 우리를 창조하시되, (올바른 지식을 계시해 주시는 것 외에는) 바른 행위에 관한 우리의 지식을 좋아하며 올바른 행동으로 바꾸는 것을 도와주시지 않는다는 것이다. 올바르고 의로운 삶을 살도록 하나님께서 주시는 은혜와 도우심이란 인간의 본성에 내재되어 있고 그저 하나님의 교훈(가르침) 안에 있다는 것이다(『편지』 188, 3).

어거스틴은 핵심을 즉시 깨달았고 분명하게 부각시켰다. 펠라기우스가 주장한 가장 중요한 점은, 인간의 본성 그 자체가 은혜이며 바른 가르침과 설교를 통해 이러한 지식을 갖는 것으로 충분하다는 사실이다.

이러한 주장은, 나이도 어리고, 몸도 약하고, 위장병과 폐병으로 고통 받고 있으며 신경과민에 또 지성인인 어거스틴에게는 굉장히 불쾌하게 다가왔다. 금욕주의적인 연습을 통해 훈련되었고 성공과 성장에 길들여진 펠라기우스는 자신의 금욕주의적인 노력의 진행을 조절할 수 있었다. 이것으로 말미암아 펠라기우스는 은혜는 영적인 삶이 수월하게 진척되도록 하기 위해 추가적으로 주어진 것이라고 확신할 수 있었다. 그러나 이미 외적인 인상과 달리 자신의 삶속에서의 심연과 악화를 자주 경험한 어거스틴에게는 은혜란 사람이 영적인 삶을 시작할 수 있도록 하기 위해 주어진 것이었다.

이렇게 인간의 본성이 가진 가능성을 상이하게 평가하는 점에서 두 신학적, 영적인 구상은 서로 극복될 수 없는 대상임이 분명해진다.

펠라기우스의 낙관주의가 확신한 것은, 창조의 은혜에 근거한 인간의 도덕적 능력은 계속해서 선을 행하기에 충분하다는 사실이다. 당연히 이 과정에서 은혜는 후원하지만, 은혜가 구원을 얻는 데 무조건 필요한 것은 아니라는 것이다. 그러므로 펠라기우스와 그의 제자 켈레스티우스(Caelestius)는 또한 결과적으로 유아세례의 필요성을 거부한다.

그러나 어거스틴의 인간론적인 깊은 염세주의는 인간의 본성을 여전히 부패한 것으로밖에 이해할 수 없으며, 따라서 종전까지 한 번도 경험해 보지 못한 정도로 은혜의 필요성을 강조하였다.

> 그들[펠라기우스주의자들]은 다음과 같은 사실을 시인하지 않는다. 하나님께서는 선한 의지로 우리를 도우시는데, 즉 정의롭게 살 수 있도록 하시며 또 사랑을 소유케 하신다. 이 사랑은 하나님의 모든 선물 중 가장 뛰어난 것으로, 심지어 때론 "하나님"과 동일시 되기도 하며(요일 4:8), 하나님의 명령과 지시가 우리 안에서 이루어지게 한다. 오히려 이 사람들은 우리 자신에게 주어진 의지의 자유를 근거로 하여 우리 스스로 이런 일을 충분히 할 수 있다고 주장한다. 자신을 그리스

도인으로 고백하면서 "하나님의 사랑이 우리 마음에 부어졌다"(롬 5:5)는 그리스도의 사도의 말씀을 듣지 않으려는 오류가 하찮은 것이라고 생각하지 말라!

그리고 어느 누구도 오직 자신의 의지의 자유를 근거로 하여 사랑을 가지고 있다고 생각하지 않도록 하기 위하여, 어거스틴은 다음 말을 지체 없이 추가한다.

"[…] 우리에게 주어진 성령을 통하여." 이것이 바로 위로 올라가시며 사로잡혔던 자들을 사로잡으시고 사람들에게 선물을 주시는(시 68:18; 엡 4:7) 구원자의 커다란 은혜인 것이다. 이러한 사실을 아직 고백하지 않는 모든 사람들의 오류가 얼마나 크고 위험한지 당신은 이제 이해하는가?(『편지』 188, 3).

조금 후에 어거스틴은 자신이 좋아한 성경 말씀 가운데 하나인 고린도전서 4:7을 인용하면서 절박하게 표현했다.

도대체 누가 여러분을 아담으로부터 나오는 죽음과 부패 덩어리로부터 구원하는가? 잃어버린 자를 찾으시고 구원하시기 위해 오신(눅 19:10) 바로 그 분이다. 그 분이 아니라면, "누가 너를 구원하는가"라는 사도의 말씀을 들을 때 "내 선한 의지, 내 믿음, 내 의"라고 대답하는 사람이 구원하는가? 이 사람 또한 즉시 "네가 가진 것 중에 받지 않은 것이 있는가? 네가 받았으니 어찌 받지 않은 것처럼 자랑하느냐"라는 구절의 말씀을 듣지 않겠는가?(『편지』188, 3).

펠라기우스주의자들은 그리스도인으로서의 정체성을 실현하기 위해 노력하는 어른들에게 관심이 있었다. 이들에게 있어 욥은 본질적으로 의인이었다. 그들의 눈에 욥은 불운의 공격을 겪지만 끝까지 견디는 사람이며 이런 점에서 유명한 모범이다. 그래서 이들의 신학과 설교는 오직 의식적으로 기독교적인 삶을 사는 어른들을 목표로 하지만, 이와 달리 이들은 어린이들을 거의 다룰 수 없었다.

어린 아기의 태도(예를 들어 『고백록』에서)를 집중적으로 연구하였고 이에 관하여 많은 보고를 한 어거스틴은 달랐다. 왜냐하면 형제에게 엄마의 젖가슴을 허락지 않는 어린 아기의 질투에서 이미 인간의 완전한 타락성이 나타나기 때문이다.

이런 점에서 380년과 420년 사이에 성경강해의 역사에서 처음으로 욥기 주석서들 그리고 동시에 또한 바울서신 주석서들이 나왔다는 것은 놀라운 일이 아니다. 욥기 주석서들은 욥기 자체처럼 고전적인 행함-상태라는 맥락의 파괴를 암시하였다. 이 맥락이란 사람이 바르게 살면 잘 지내게 된다는 것이다. 바울 서신에 대한 연구는 교회에 새로운 대답을 알려주었다. 욥기 주석서들과 바울 주석서들은 서로 물음과 대답의 관계 속에 있다. "욥의 예를 바라보라"라는 지금까지의 대답만으로는 더 이상 충분하지 못하다. 어거스틴은 대답을 준 개혁자였다. 오직 은혜가 결정적인 것이다. 펠라기우스 및 켈레스티우스와의 논쟁 첫 국면에서 논의된 문제는 "본성이란 무엇인가, 그리고 은혜란 무엇인가?"였다.

펠라기우스가 이 두 가지 문제를 다루면서 배경으로 삼고 전개한 것은 창조신학이다. 창조신학의 출발점은 본성은 창조의 은혜로서 간주될 수 있다는 사실이다. 양심과 율법과 의지의 자유로 인간은 선한 일을 행할 수 있다. 인간은 본성적으로 죄를 갖고 있다는 생각을 펠라기우스는 받아들일 수 없었다. 죄는 인간의 책임과 결정으로부터 나온 것으로 본성의 외적인 추가물에 불과하다.

펠라기우스가 418년 정죄를 당한 후에, 성공 가도를 달리는 어거스틴에 처음으로 필적할 만한 적수가 펠라기우스의 자리를 대신하였다. 나이 든 어거스틴은 이 젊은 청년과의 논쟁에서 또 한 번 전력을 기울여야 했다. 그의 적수는 바로 주교 에클라눔의 율리안(Julian von Eclanum)이었다. 그는 주교의 아들이며 많은 교육을 받았고 논쟁을 꺼리지 않는 인물이었다. 펠라기우스주의의 사상은 교육과 성향을 통해 준비된 율리안에 의해 받아들여졌다. 그는 평생 펠라기우스와 같이 했고, 펠라기우스가 정죄를 받은 후에 18명의 이태리 주교로 이루어진 반대 무리의 핵심인물이 되었다. 교육받은 율리안에게 어거스틴은 아프리카인에 지나지 않았고, 그는 어거스틴을 카르타고의 아리스토텔레스라고 비꼬았다. 그에게 어거스틴의 원죄론은 혐

오에 불과했다.

율리안과의 논쟁에서는 의지의 자유 및 은총론에 관한 논쟁이 인간 본성의 타락과 이러한 타락이 어떻게 어린이를 포함하여 모든 인간에게 전달되었는지에 대한 문제로 바뀌었다. "그 안에서 모든 사람이 죄를 지었다"라는 로마서 5:12에 관한 해석이 논쟁의 중심이 되었다.

이 성경구절에 따르면, 마치 모든 인간이 아담 안에 포함되어 있기라도 한 것처럼(*quasi in massa*) 모든 인간은 아담 안에서 죄를 지었다. 아담의 죄는 펠라기우스가 생각하는 것처럼 단순히 죄를 행하는 관습에 불이 붙게 하는 영향력이 강한 모델이 아니다. 오히려 아담 자신 안에 모든 인간이 포함되어 있는 것이라고 말할 수 있다. 그러므로 아담이 잃어버린 것은 모든 그의 후손들에 되돌려 줄 수 없을 정도로 잃어버린 것이다. 그런데 인간의 본성은 단지 악하게 된 것만이 아니라 또한 근본적으로 타락하였다.

로마서 5:12에 대한 어거스틴의 해석은 철학적으로는 근거가 빈약하다. 이 해석은 우선 알려지지 않은 바울 주석가에게서 발견되는데, 이 주석가는 어거스틴에게는 힐라리우스(Hilarius)라는 이름으로 알려진 소위 암브로시아스터(Ambrosiaster)이다. 힐라리우스의 높은 명성 때문에 어거스틴은 기꺼이 그의 번역과 해석을 교회의 전통에 근거하고 있는 것으로서 그대로 받아들였다. 로마서 5:12이 주요 모티브로서 강조된 이후에, 어거스틴은 또한 자신의 이해를 지지하는 다른 성경구절들을 제시할 수 있었다. 여기에는 시편 51:7 "내 어머니가 나를 잉태하였을 때 이미 나는 죄 속에 있었나이다", 욥기 14:4 "깨끗한 자가 더러운 자로부터 나올 수 있습니까? 한 사람도 없습니다"등이 포함된다.

그러나 율리안에 반대하여 어거스틴이 인정한 것은, 원죄론 문제보다 더 설명하기 어려운 것은 없으나 우리의 경험에 따르면 이것보다 더 실제적인 것은 없다는 사실이다.

펠라기우스와 반대로 어거스틴은 원죄가 육체적으로 전달된다고 강조하였다. 원죄는 성욕(*concupiscentia carnalis*)에 의해 전달된다. 인간은 출생부터 이러한 원죄를 갖고 있다. 그는 더 이상 선을 행할 수 없다. 그러므로 인간이 선한 것을 행할 수 있기 위해 은혜가 필요하다고 강조하는 어거스틴의 논리는 옳다. 인간의 본성을 특징짓는 것은 바로 육체적인 탐욕(*concupiscentia carnis*)이다. 탐욕이 보여주는 것은 인간은 스스로의 힘으로는 오직 악을 행할 수 있을 뿐이며 선은 오직 하나님 은혜의 도움으로 할 수 있다는 사실이다. 심지어 선의 시작 자체도 하나님의 은혜로운 행동이다. 인간은 원죄로 인해 전적으로 부패하였기 때문에 구원받기 위해서는 세례가 필요하다. 그러므로 유아세례는 어거스틴에게는 절대적인 조건으로 요구되었다. 세례 없이는 모든 인간은 유죄판결을 받는다.

율리안은 어거스틴이 예정론 교리를 계속하여 발전시키는

방향으로 가게 만들었다. 그래서 분명하게는 아닐지라도 어거스틴은 사상의 윤곽에 있어서 선인(善人)에 대한 선택과 악인에 대한 배척이라는 이중 예정설을 전개하였다.

어거스틴이 마니교로 되돌아갔으며 마니교의 덫에 걸렸다는 율리안의 비난에 대하여, 어거스틴은 창조의 선함과 선한 하나님에 대해 언급함으로써 격식을 갖춘 대답을 하였다. 어거스틴은 확실히 심리학적으로 감정이입을 더 할 줄 아는 사람이었으며 서술에 있어서는 더 철저한 사람이었다. 이성에 대한 율리안의 호소에 어거스틴은 다음과 같이 반박한다.

> 이성이 감각적인 즐거움에서 무너질 때 그 순간 이성이 생각할 수 있는 게 무엇이겠는가?(『율리안에 반대하여』〈c. Iul.〉 5,10).

어거스틴의 원죄론은 어거스틴 이전의 전통에서는 없던 형태였다. 어거스틴은 이 교리의 본질적인 창시자이며 로마서 5:12에 대하여 이렇게 입증하기 어려운 생물학자적인 해석을 통해 교회에 중대한 유산을 남겨주었다.

가톨릭교회는 어거스틴의 극단적인 예정론을 결코 수용하지 않았으며, 사실상 은혜에 관한 논쟁의 문제에서도 절충적 펠라기우스주의(semi pelagianisch) 관점으로 결정하였다. 그러나 마니교로부터 완전히 분리되지 않은 어거스틴의 반(反)펠라기우스적인 사상이 정서상 오랫동안 영향력이 있었다.

Augustinus

11. 성경강해

경외심으로 가득차고 부드러운 경건을 가진 사람들은 이 모든 책들[성경]에서 하나님의 의지를 깨닫고자 추구한다. 이러한 어려운 일을 행함에 있어서 사람들은 이미 말한 것처럼 다음 사실을 주목해야 한다. 즉 비록 이러한 책들을 그 [온전한] 의미에 따라 이해하지 못할지라도, 독서를 통하여 기억에 각인시키거나 적어도 책들을 더 이상 아주 모르는 상태가 되지는 않을 것이다(『기독교 가르침에 관하여』, ⟨*doctr chr*⟩ 2. 9. 14).

어거스틴의 작품들을 컴퓨터로 분석한 결과 우리는 어거스틴이 구약을 13,276회, 신약을 29,540회 인용했음을 알게 되었다. 그러나 이 숫자에는 그가 성경에서 인용한 셀 수 없이 많은 암시와 연상들은 포함되지 않은 것이다. 사람은 성경을 자신의 기억 속에 이식시켜야 한다는 유명한 훈계를 어거스틴 자신도 뒤따랐으며, 또한 독자들에게 다음과 같이 말했다.

> 여기서 좋은 기억력이 최고의 효과를 발휘한다. 좋은 기억력이 없으면, 내 교육을 통해서 주어질 수 있는 것은 없다(『기독교 가르침에 관하여』 2, 9, 14).

어거스틴은 처음에는 성경에 실망하였다. 『호르텐시우스』(*Hortensius*)를 읽은 후 어거스틴은 성경을 붙들었으나, 성경은 키케로의 언어적 기술과 비교하여 세련되지 못한 라틴어 때문에 그에게는 가치가 없는 것으로 보였다. 또한 마니교도들의 구약에 대한 비판은 성경에 대한 어거스틴의 혐오를 강화시켰다. 주교 암브로시우스(Ambrosius)의 알레고리적 강해 설교가 비로소 그에게 성경에 대한 문을 열어주었다.

어거스틴은 사제가 되었을 때 주교 발레리우스(Valerius)에게 몇 달 휴가를 간청하여 성경에 익숙해질 수 있었다. 이때부터 성경에 대한 관심이 생기기 시작했고 어떻게 하면 성경을 바르게 강해할 수 있는가라는 질문이 항상 어거스틴을 떠나지 않았다. 또한 빈번한 설교(그리고 이와 함께 미리 앞서 성경본문을 다루는 것)는 그로 하여금 해석학에 관심을 기울이도록 만들었다.

주석적인 물음이 중요한 무게를 얻게 되는데, 왜냐하면 성경이 가장 중요한 권위이기 때문이다. 제롬과 달리 어거스틴은 논란되는 문제에 있어 단순히 주석자의 주관적인 견해를 수용하는 것을 거부하였다(『편지』 82, 2). 성경이 가장 높은 권위라면, 본질적으로 여러 임의의 강해가 아니라 오직 하나의 강해만 있을 수밖에 없기 때문이다.

"자유교양학문"(artes liberales, 문법, 논리학, 수사학) 학교에서 배운 고대 수사학자 어거스틴은 모든 본문은 방법적으로 정확한 강해를 필요로 한다는 사실을 알고 있었다.

그러므로 고대와 중세에 가장 중요한 기독교 해석학 교과서에 해당하는 『기독교 가르침에 관하여』 서문에서 어거스틴은 분명하게 카리스마적인 성경강해를 거부한다. 그는 의식적으로 이교적인 본문해석의 전통으로 향했고 자신에게 익숙한 문법교육에 관심을 두었다.

따라서 어거스틴의 본문 설명은 문법학자의 4중적인 행태를 따른다.

1. 본문낭독과 첫번째 설명.
2. **본**문의 해석과 변형에 관한 토론.
3. 중심내용(사안) 설명.
4. 본문 진술에 대한 평가.

교육받은 수사학자 어거스틴은 항상 유효한 본문의 진리(verum)와 시대에 따라 조건 지워지는 저자 의도 및 저자에 의해 선택된 문헌적인 양식(sententia) 사이의 차이를 당연히 의식하고 있었다(『믿음의 유용성에 관하여』⟨util.cred.⟩ 4, 10).

그래서 그는 훌륭한 창세기 주석에서, 6일간의 사역은 문학적인 비유표현에 불과하며 저자는 창조행위에 관한 학문적인 서술을 제공하고자 한 것이 아니라고 주장했다. 이 작품에 나타난 창조역사 해석을 읽는 사람은, 20세기에도 여전히 6일간의 사역의 문자적인 이해를 위해 주석적인 노력들이 취해지고 있음에 놀랄 수밖에 없다.

철학적으로 해석할 수 있는 내용을 가진 비종교적 작품들과 달리, 성경은 숙고를 통해서가 아니라 오직 계시를 통해서만 인간의 인식에 이른 정보들을 포함하고 있다. 그러므로 어거스틴은 오리겐(Origenes)에게서 유래하는 4중 성경의미 전통에 기대어 성경 해석학을 발전시켰다. 이에 따르면, 각각의 성경본문은 4가지 차원에서 연구되어야 한다. 첫째는 역사적인 보고의 차원, 둘째는 근본적인 기준의 차원, 셋째와 넷째는 유추 및 알레고리의 차원이다(『믿음의 유용성에 관하여』 3,5-8). 왜냐하면 성경은 도덕적-심리학적인 의미 외에(둘째 차원) 역사적인 보고와 정보들을 제공하기 때문이다(첫째 차원). 세번째 차원에서 구약의 표지들(signa)과 성례들(sacramenta)은 신약의 표시들 및 성례들과 관련을 갖게 된다. 그래서 구약의 할례는 세례에 대한 신약의 표지와 일치한다. 이로써, 구약을 거절한 마니교와 달리 구약은 독립성과 존엄성을 갖고 있으며 믿음의 원천으로서 진지하게 받아들여졌다. 성경은 많은 비밀의 구절과 수수께끼들을 포함하고 있기 때문에, 네번째 차원에서 알레고리가 사용될 수 있다. 어거스틴은 하나님께서 의도적으로 그런 애매한 구절들을 성경에 첨가하셨다고 분명히 강조하는데, 하나님께서 이렇게 하신 이유는 사람의 영이 이러한 수수께끼를 풀고 이와 동시에 성경의 이해에 더 깊이 파고 들도록 도전받고 있다고 느끼도록 하기 위해서라는 것이다.

『믿음의 유용성에 관하여』와 『기독교 가르침에 관하여』에서 전개된 해석학 규칙들은 중세시대에 기억하기 쉬운 시구로 표현되었다.

문자는 무슨 일이 일어났는지를
알레고리는 무엇을 믿어야 할지를
도덕은 무엇을 행해야 할지를
유추는 무엇을 추구해야 할지를
가르친다.
(Littera gesta docet,
quid credas allegoria,
moralis quid agas,
quo tendas anagogia).

그러나 알렉산드리아의 필로(Philo)이후로 유대교와 기독교에서 잘 알려진 알레고리는 뚜렷하게 주관적이고 자의적인 주석을 하게 하는 위험성이 있다. 그러므로 어거스틴은 이러한 위험가능성에 대처하는 강해규칙들을 마련하지 않을 수 없었다.

어거스틴이 첫째 원칙으로 제시한 것은(믿음과 인식의 관계에서처럼), 성경의 해석에 있어서도 이성이 중요하다는 사실이다. 강해는 이성에 맞아야 한다는 사실을 어거스틴은 고집한다. 그러나 이 말이 의미하는 바는, 강해는 모든 독자들로부터 공감될 수 있다는 것일뿐, 개인적인 통찰 혹은 의견들은 이러한 기준에 반대한다. 그는 이미 카리스마적인 강해에 대해서도 유사한 이유를 들어 이의를 제기했다.

둘째 원칙으로 어거스틴이 분명히 밝힌 점은, 성경은 교회의 산물로서 원칙상 신앙의 규칙(*regula fidei*), 즉 교리와 모순되지 않으며 따라서 어떤 강해도 신앙의 규칙과 모순되는 내용을 포함해서는 안 된다는 사실이다.

셋째이자 마지막 원칙으로서 어거스틴이 작성한 것은, 강해는 하나님 사랑과 이웃사랑에 기여하는 것이야 한다는 사실이다. 왜냐하면 이 두 가지가 성경의 본질적인 내용이기 때문이다. 어거스틴은 이것을 일정한 형식으로 표현한다.

> 성경 속에서 윤리의 위엄이나 믿음의 진리와 본질적인 방식으로 관련될 수 없다고 여겨지는 하나님의 교훈들은 무엇이

든지 순전히 비유적인 것으로 여겨야 한다(『기독교 가르침에 관하여』 3, 10).

따라서 어거스틴은 알레고리적 성경해석 방법에 대해 어느 정도 자제할 것을 권한다. 본문에 대한 도덕적 혹은 교리적 해석이 충분히 남김없이 다 다루어지거나 혹은 아마도 모순되는 것을 밝힌 후에야 비로소 알레고리 해석을 시도하는 것이 좋다.

해석학에 대한 작품 『기독교 가르침에 관하여』 외에도 어거스틴은 특히 『복음서 저자들의 일치에 관하여』(De consensu evangelistarum)를 썼는데, 이것은 개별적인 복음서들 사이의 모순들을 없애기 위한 작품이었다. 이러한 두 개의 근본적인 해석학 작품은 구약과 신약에 대한 강해들을 통하여 보충된다.

어거스틴은 성경 전체를 알고 있었으나 모든 책들을 주석한 것은 아니다. 구약 가운데 그는 (마니교의 거부에 반대하여) 다섯 번이나 창세기에 대한 주석을 하였는데 한 번은 문자적인 의미에 따라, 한 번은 매우 알레고리적으로 창세기를 강해하였다. 그의 훌륭한 주석 『창세기의 문자적 의미』(De Genesi ad literam)는 단지 창세기 1-3장을 다루었으나, 알레고리를 뛰어나게 취급하고 있고 방법론에 대한 많은 언급이 들어 있기 때문에 현대에 이르기까지 지침이 되고 있다.

어거스틴이 성경해설자로서 얼마나 가치 있게 평가되었는지는 그의 작품 『욥기 주석』(Adnotationes in Job)의 출간역사가 보여준다. 어거스틴은 자신의 성경 욥기 부분에 본문에 대한 언급 및 설교를 위한 메모들을 써 넣었다. 그런데 언젠가 한 신봉자가 유명한 설교가인 어거스틴에게서 이 책자를 훔쳤으며, 이것은 어거스틴이 알지도 못한 채 그의 동의도 없이 출간되었다.

영적으로 가장 풍성하고 영향력에 있어서 아마도 『고백록』의 위치에 필적하는 작품은 『시편 강해』(Enarrationes in Psalmos)일 것이다. 시편은 초대 교회의 기도책자였으며 자주 강해되었다. 어거스틴은 1-18편의 강해를 출간을 위해 썼으나 설교하지는 않았고, 그 다음의 시편에 관하여 설교를 하였다. 여기서는 많은 분량의 시편이 설교되었다. 특히 시편 118편은 여러 개별설교로 나뉘어져 설교되었다. 어거스틴의 시편 강해는 어거스틴 자신이 얼마나 시편 속에서 살았는지, 시편의 설교자 어거스틴이 어떻게 자신을 넘어 성장했는지, 하나님의 나라와 악마의 나라에 대한 그의 해석이 얼마나 강하게 시편 강해에 기인한 것인지를 깨닫게 해준다.

신약에서는 바울 서신이 자연스럽게 어거스틴의 특별한 주목을 받았다. 그는 로마서를 두 번 주석하였고 갈라디아서를 한 번 주석하였는데, 여기서 이 두 서신은 "은혜"와 "선행의 공로"라는 주제 때문에 어거스틴의 큰 관심사였다.

394년에 작성된 예술적인 산상설교 강해는 영혼의 일곱 가지 상승단계, 성령의 일곱 가지 선물, 일곱 가지 복에 초점이

맞춰져 있다. 어거스틴은 산상설교를 주로 문자적 의미에 따라 해석하였다. 젊은 사제 어거스틴의 낙관주의적 성향은 산상설교의 약속이 이미 이생에서 실현되며 영원한 평화가 이 세상에서 가능하다는 사실을 믿도록 하였다.

어거스틴은 초기에 사도 요한을 존경하였다. 그는 414년과 417년 사이에 요한복음 전체에 관해 우선 설교를 통해 교회 공동체에서 강해하였고, 이 설교에 이어 124편의 설교문이 기록되었다.

요한일서는 히포 레기우스의 상황에서 나온 설교본보기로서 특별히 훌륭하다. 407년 부활절 주간에 어거스틴은 요한일서를 교회 청중에게 설교하였고 도나투스주의의 분열에 반대하여 평화와 사랑의 사상을 강조하였다. 설교 7에는 다음과 같은 유명한 문장이 나온다.

> 사랑하라 그리고 네가 원하는 것을 행하라(dilige et quod vis fac)
> (『요한일서 강해』〈ep.Io.tr.〉 7).

어거스틴의 시기까지는 초대 교회의 신학과 경건은 구약적인 특징이 강했다. 신학과 경건 모두 특히 유대교 율법에 의무가 있는 것으로 여겨졌으며 윤리적인 물음에 대한 관심이 강했다. 이러한 구약적인 특징은 어거스틴의 은총론의 새로운 경향을 통하여 비로소 제거되었다. 이러한 사실은 확실히 어거스틴에 의해 인도되고 동시에 어거스틴에게서 정점에 이르게 된 4-5세기의 바울 수용에 근거를 두고 있다. 어거스틴의 성경강해는 이러한 새로운 바울 이해 및 초대 교회의 경건의 변화에 결정적인 기여를 하였다.

12. 플라톤주의 형태의 기독교

어거스틴이 383년과 385년 사이에 『플라톤주의자들의 책들』(*Libri Platonicorum*), 즉 플로티누스(Plotin)과 포르피리우스(Porphyrius)의 작품들을 손에 넣었을 때, 이 작품들은 회심에 이르게 한 혁파(革罷)의 체험을 일으켰다. 어거스틴은 자신이 플라톤주의(여기서 어거스틴은 플라톤과 신플라톤주의를 구분할 수 없었다)에 신세를 진 것, 즉 정신적 세계의 독자성에 대한 발견에 대하여 몇 작품에서 강조하였다.

이러한 발견은 어거스틴으로 하여금 마니교도들의 물질주의로부터 벗어날 수 있게 만들었으며 정신과 감각[물질]세계에 대한 분명한 구분을 가능케 해주었다. 이와 동일하게 중요한 것은 후기고대의 특색을 나타내는 것으로서 이론적 철학과 실제적 철학이 교차되어 있다는 사실이다. 이것을 어거스틴은 『호르텐시우스』 독서 이후로 경험을 하였다. 철학은 지혜에 대한 추구이며 또한 철학은 인식이고 도덕적인 정화이다. 감각세계에 대한 금욕주의 없이 지혜란 있을 수 없다.

어거스틴이 국가론에 관해서 단축된 플라톤주의를 수용한 것이 완전한 의미에서인지 혹은 개인주의로 축소된 의미에서인지에 관해서 판단하고자 하지 않고 확실하게 밝힐 수 있는 사실은, "하나님과 영혼"이라는 그의 계획은 이러한 후기 고대 플라톤주의의 유산이라는 점이다.

어거스틴이 플라톤주의자들의 가치를 얼마나 인정했는지는 『참된 종교에 관하여』(*De vera religione*)라는 초기 종교철학 작품에 나오는 언급이 보여준다. 이 작품 4장에는 다음 같은 말이 있다.

> 만일 그 사람들이 우리와 함께 이생의 삶을 다시 살 수 있다면, 근심에 빠진 인간을 밝게 만드는 권위가 누구에게 있는지를 통해 권위가 무엇인지 확실하게 알게 될 것이다. [...] 단지 몇 마디의 말들과 의견들이 변화되기만 하면, 그들은 그리스도인일 것이다.

여기에서 또한 다음과 같이 말한다.

> (플라톤주의자라는) 이름을 자랑하는 그 사람들이 다시 삶을 얻어서 가득 찬 교회와 텅 빈 신전을 발견하게 되고, 인류가 현세적이고 헛된 소유물들에 대한 욕망에서 벗어나 영원한 삶 그리고 영적이고 정신적인 소유물에 희망을 두게 된다면, 이들은 (이들이 자신들이 칭찬하는 것과 같은 사람들이라면) 다음과 같이 말할 것이다. "그것은 우리가 사람들에게 감히 설교하지 못했던 것이다. 그리고 그것은 우리가 우리의 믿음과 뜻으로 옮기기 보다는 사람들의 관습에 맡겨버린 것이었다."

플라톤주의자들과 관계를 가지는 원칙으로서 어거스틴은 다음 사실을 확언하였다.

> 심지어 그들의 의복들, 말하자면 오직 인간 사회의 봉사를 위하여 준비되고 이생의 삶에서 필수불가결한 순수한 인간의 제도들을 우리는 소유할 수 있고 그리스도인의 용도로 사용할 수 있다(『기독교 가르침에 관하여』 2, 40).

우리의 본질적인 유익을 위해 우리는 철학적인 인식들을 이용한다.

어거스틴은 초기의 낙관주의를 더 이상 갖고 있지 않았을 때조차도, 플라톤철학자들과 그리스도인들은 진리 추구라는 공동의 목표를 갖고 있다는 사실을 분명히 밝혔다. 잘 알려진 작품(『고백록』 7, 9, 13-14)에서 어거스틴은 자신에게 있어서는 결정적인 것이지만 신플라톤주의자들에게는 결여되어 있는 것, 즉 그리스도의 겸손을 진술하였다. 따라서 그는 일치점들과 차이점들을 다음과 같이 요약하고 있다.

> 당신이 어떻게 "교만한 자를 물리치시고 겸손한 자에게 은혜를 주시는지"(약 4:6) 그리고 "말씀이 육신이 되어 우리 가운데 거하시매"(요 1:14) 어떤 긍휼하심으로 인간들에게 겸손의 길을 보여주셨는지를 당신은 내게 우선 보여주시고자 하셨습니다. 그래서 당신은 헬라어에서 라틴어로 번역된 플라톤주의자들의 몇 가지 책을 엄청난 교만으로 부풀어 오른 한 사람을 통하여 내게 마련해 주셨습니다. 그 책들에서 내가 읽은 것은 다음과 같은 말씀은 아니지만 근본적인 면에서는 동일하고 많은 다양한 논증으로 지지되는 말씀이었습니다. 즉 "태초에 말씀이 계시니라. 이 말씀이 하나님과 함께 계셨으니 이 말씀이 곧 하나님이시니라. 그가 태초에 하나님과 함께 계셨고 만물이 그로 말미암아 지은바 되었으니 지은 것이 하나도 그가 없이는 된 것이 없느니라. 그 안에 생명이 있었으니 이 생명은 사람들의 빛이라. 빛이 어둠에 비취되 어둠이 깨닫지 못하더라"(요 1:1-5). [⋯] 나는 또한 그 책들에서, 말씀이신 하나님께서 "혈통으로나 육정으로나 사람의 뜻으로 나지 아니하고 오직 하나님께로부터 나셨다"(요 1:13)는 사실을 읽었습니다. 그러나 "말씀이 육신이 되어 우리 가운데 거하셨다"(요

1:14)는 사실은 읽지 못했습니다. 나는 또한 그 책들에서, 아들이 "근본 하나님의 본체시나 하나님과 동등됨을 취할 것으로 여기지 아니했으니"(빌 2:6)라는 말씀은 그가 본성상 하나님과 동일하기 때문이라는 내용이 때때로 그리고 여러 가지 모양으로 말해지고 있음을 발견했습니다. 그러나 그 책에 다음과 같은 내용은 있지 않았습니다. "오히려 자기를 비워 종의 형체를 가지사 사람들과 같이 되셨고 사람의 모양으로 나타나사 자기를 낮추시고 죽기까지 복종하셨으니 곧 십자가에 죽으심이라. 이러므로 하나님이 그를 지극히 높여 모든 이름 위에 뛰어난 이름을 주사 하늘에 있는 자들과 땅에 있는 자들과 땅 아래에 있는 자들로 모든 무릎을 예수의 이름에 꿇게 하시고 모든 입으로 예수 그리스도를 주라 시인하여 하나님 아버지께 영광을 돌리게 하셨느니라"(빌 2:7-11). 당신의 독생자는 만세전부터 모든 시간을 초월하여 변함없으시고 당신처럼 영원히 존재하신다는 사실, 그리고 영혼들은 "그의 충만한 데서"(요 1:16) 복을 얻게 되며 자신 안에 머무르는 지혜에 참여함으로써 지혜롭게 된다는 내용은 거기 있었으나, 그[독생자]가 "기약대로 그리스도께서 경건하지 않은 자를 위하여 죽으셨으며"(롬 5:6) "자기 아들을 아끼지 아니하시고 우리 모든 사람을 위하여 내어주셨다"(롬 8:32)는 내용은 거기에 없었습니다. 이것은 아버지께서 "이것을 지혜롭고 슬기 있는 자들에게는 숨기시고 어린 아이들에게는 나타내사"(마 11:25) "수고하고 무거운 짐 진 자들이 그에게 나아가 쉼을 얻도록 하기 위함이었습니다"(마 11:28). 왜냐하면 "그는 마음이 온유하고 겸손하여"(마 11:29) "온유한 자를 정의로 지도하시며 온유한 자에게 그의 도를 가르치시고 우리의 곤고와 환난을 보시

고 우리의 모든 죄를 사하여 주시기 때문입니다"(시 25:9; 시 25:18). 하지만 자칭 자기의 높은 지혜를 교만하게 뽐내는 자들은 "나는 마음이 온유하고 겸손하니 나의 멍에를 메고 내게 배우라. 그리하면 너희 마음이 쉼을 얻으리니"(마 11:29)라는 그의 말씀을 듣지 못합니다. "그들은 하나님을 알되 하나님으로 영화롭게도 아니하며 감사치도 아니하고 오히려 그 생각이 허망하여지고 미련한 마음이 어두워져 스스로 지혜 있다 하나 우준하게 되었느니라"(롬 1:21-22)(『고백록』 7, 9, 13-14).

어거스틴은 생애 말년에 자신의 작품들을 수정하며 검토하였을 때, 초기 작품들에 아직 "학파의 정신"이 매우 넘쳐나고 있다고 자신의 작품들을 책망하였다.

> 칭찬이 불신자에게는 적절하지 않듯이, 내가 플라톤과 플라톤주의자들과 학문적 철학자들에게 표한 칭찬 역시 내 마음에 들지 않는다. 왜냐하면 특히 그들의 커다란 오류에 반대하여 기독교 교리가 변호되어야 하기에 그런 칭찬은 부당한 것이기 때문이다(『재고록』 1, 1, 4).

어거스틴은 은총론을 발견한 이후 철학과의 관계를 거의 완전히 끊었다. 그러나 그가 철학을 강하게 비난한다고 해도, 철학이 사람에게 지혜(*sapientia*)에 이르는 길을 보여주고자 하는 한 철학은 좋은 점을 갖고 있다고 그는 인정한다. 어거스틴은 비록 『신국론』 19, 1에서 행복에 이르는 278가지의 다양한 길에 대해 조소하지만, 같은 작품에서 그는 플라톤주의자들이 기독교에 가까이 있음을 인정한다. 그는 다음과 같이 언급한다.

> 플라톤주의자들보다 우리에게 더 가까이 있는 사람은 없다 (『신국론』 8, 5).

그럼에도 어거스틴은 플라톤주의자들에게 없는 것이 무엇인지를 정확하게 보았는데, 즉 죽은 자들의 부활이다. 그는 이러한 차이를 더 이전에 그리고 더 분명하게 보지도, 강조하지도 못했다고 자기 자신을 꾸짖었다.

많은 현대 신학자들과 달리 어거스틴은 신학과 철학의 관계를 본질적으로 조화로운 것으로 보았다. 은총론을 통한 이의제기에도 불구하고, 그는 철학과의 연결을 결코 완전히 끊지 않았다. 이를 통하여 어거스틴은 중세신학 및 다음 장에 나오는 어거스틴주의를 위한 근본적인 조건들을 준비하였다.

Augustinus

13. 어거스틴주의

영국 수학자이자 철학가인 화이트헤드(Alfred North Whitehead)의 경구에 의하면, 서양 철학역사는 단지 플라톤에 대한 일련의 각주에 불과하다. 그의 경구를 어거스틴과 서양 신학역사에도 적용할 수 있을 것이다.

1. 개념 규정

13세기 중반 및 스콜라 신학의 생성까지는 어거스틴 사상에 대한 진지한 신학적인 반대구상이 없었다. 그러므로 이 시기까지의 모든 사상가를 어거스틴주의자들이라고 표현하는 것은 어느 정도 정당할 수 있다. 어거스틴의 사상은 우리에게 치밀하게 짜인 체계의 형태로 전달되지 않았기 때문에, 어거스틴주의에 대한 구속력 있는 정의는 다만 어려울 뿐이다. 어거스틴(그리고 이러한 사상에 결합된 전승)은 내용적으로 볼 때 항상 세 가지 기본 문제로 되돌아간다. 즉 행복(*beatitudo*), 은혜(*gratia*), 권위(*auctoritas*)이다. 형식-방법론적으로 어거스틴은 거의 모든 문제들을 그의 작품『기독교 가르침에 관하여』(*De doctrina christiana*)에서 발전시킨 "대상과 표지"(*res et signum*)에 관한 해석학을 가지고 해결하였다. 동시에 "사용과 향유"(*uti et frui*) 개념은 이 세상 것들을 다루는 방법을 보여준다. 즉 사람이 이 세상의 어떤 것을 그 속성에 맞게 사용하는지(*uti*) 아니면 그것을 즐기는 것에서 자신의 성취를 발견하는지(*frui*), 이런 내적인 입장이 그러한 지시 해석학에 포함된다. 인간은 향유(하나님에 대한 향유만이 있다)를 사용(사용은 이 세상의 모든 것들에 관련된다)과 바꿀 때 잘못된 길을 가는 것이다. 따라시 해석학과 윤리직 사용은 결합하여 내적인 일치를 이루며 또한 이해와 윤리적 행동이 분리되지 않고 서로 연결되어 있다는 사실을 지시해 준다. 하지만 최종적인 향유는 이 세상에서는 불가능하기 때문에, 어거스틴 사상에 들어 있는 모든 신학은 필연적으로 현실도피적인 것이 된다. 그러므로 어거스틴은 어느 정도는 모든 수도원 및 신비주의 운동의 아버지이다. 이러한 지시 해석학(Verweisunghermeneutik)을 가지고 어거스틴은 감각세계와 이상세계의 이원론을 이해했을 뿐만 아니라 또한 지시를 통하여 극복할 수 있었다.

그러므로 어거스틴을 증거로 끌어대며 윤리적인 지시 해석학에 관여하는, 그리고 위에서 언급한 세 가지 기본 질문으로 되돌아가는 철학이나 신학을 어거스틴주의라고 부른다.

그러나 엄밀한 의미에서의 어거스틴주의는 특별히 어거스틴의 인간론과 은혜론을 수용하고 계속 발전시키는 것을 말한다. 그래서 어거스틴주의(그 자체로 보면 후기 얀센주의와 동일하다)는 은총론 입장에서는 하나님의 구원의 뜻을 제한하는 협소한 신학적 체계로 이해되었다.

2. 수용의 역사

어거스틴의 사상은 비조직적인 성격 때문에, 그리고 무엇보다도 엄청난 양 때문에 전부 다 수용된 적은 결코 없다. 이미 그의 동시대인들에게 그렇게 나타났고, 이에 대하여 그의 생애 작가 포시디우스(Possidius)는 다음과 같이 쓰고 있다.

> 그가 말하고 펴낸 것은 수없이 많으며 교회에서 행하고 기록되고 검토된 설교도 수없이 많다. […] 이 모든 것을 다 읽고

익힐 수 있는 학자는 거의 없을 것이다(『어거스틴의 생애』⟨vita Aug.⟩ 18).

이와 유사한 언급은 또한 어거스틴 작품들이 보존되어 있는 세빌라의 이시도르(Isidor von Sevilla) 수도원에 있는 책 상자에서 발견된다. 여기에는 어거스틴의 모든 작품을 읽었다고 스스로 주장하는 사람을 거짓말쟁이로 지칭하는 글이 새겨져 있다.

분량이 많은 이러한 작품을 후대가 다루기 쉽게 접근하도록 하기 위해, 이미 어거스틴이 죽은 지 20년 후에 아퀴티니아의 프로스페르(Prosper von Aquitanien)는 성 어거스틴의 선별된 문장들을 책으로 썼다. 그는 어거스틴의 신학에 대한 개관을 제공하였으며 얼마 후에 어거스틴의 격언들로 이루어진 더 축소된 책이 뒤를 잇도록 하였다. 내용이 가장 방대하며 중세에 있어 제일 중요하고 매우 많이 사용된 작품은 550년 주교 오이기피우스(Eugippius)의 『성 어거스틴 작품으로부터의 발췌문』(Excerpta ex operibus S. Augustini)이다. 새로운 절정을 이룬 것은 우르비노의 주교 바르톨로매우스(Bartholomäus de Urbino)가 발췌를 시도한 작품이다(1350). 그는 거의 15000여개의 어거스틴 발췌문을 수집한 작품인 『진리에 관한 수없이 많은 말들[천개의 말들]』(Milleloquium veritatis)을 썼다. 이것은 현대에 이르기까지 어거스틴 신학의 가장 중요한 개요에 해당한다. 이러한 선집(選集) 전통은 현재에 이르기까지 지속되고 있다. 문헌에 잠시 눈을 돌리더라도 발췌문들은 경건한 묵상을 위한 "어거스틴 작품에서 나온 작은 책"(Blümchen aus dem Werkdes hl. Augustinus)에 이르기까지 신학적인 학습목적을 위한 것임을 확인할 수 있다.

발췌하는 것 외에도 이미 초기에 어거스틴 사상을 요약하고자 하는 시도가 있었다. 북아프리카에서 루스페의 풀겐티우스(Fulgentius von Ruspe)는 어거스틴 이후 한 세대가 지나지 않아 이미 어거스틴 사상에 대하여 첫번째 조직적인 개관을 시도하였다. 그의 작품 『신앙에 관하여 베드로에게』(De fide ad Petrum)는 스콜라 신학의 사상형태를 미리 선보인 첫 작품에 속한다. 이 작품으로 중세의 체계형성은 준비되었다.

고대에 어거스틴 사상의 수용은 세 갈래로 제시될 수 있다.

비록 맹렬한 항의 끝에 받아들여진 것이라 해도 가장 중요한 어거스틴의 사상은 인간의 무력함 및 모든 것을 포괄하는 은총의 영향력에 대한 것이다.

> 인간이 스스로 가진 것이라곤 죄와 거짓 외에 없다(『요한복음강해』〈Io. ev. tr.〉 5, 1).

어거스틴의 요한복음 주석에 나오는 이 문장은 529년 오랑쥬 공의회(Konzil von Orange)가 어거스틴 은총론을 인준하였을 때 인용된 것이다(DH 392). 이러한 극단적인 인간론과 은총론에 대한 반대는 마르세이유(Marseille) 근처의 수도사 주거지인 레랭(Lérins)에서 결정적으로 이루어졌다. 그 이후에 가톨릭교회에서는 사실상 약화된 어거스틴주의(절충적 펠라기우스주의)가 인정을 얻게 되었다.

은총론 외에도 어거스틴은 도나투스주의와의 싸움에서 교회와 성례전에 대한 자신의 사상을 계속 발전시켰다. 이러한 어거스틴의 사상을 관심 가지고 다루고 서방의 신학에 열매를 맺게 한 눈에 띄는 사람은 두 로마 주교인 레오 대제(Leo der Große)와 그레고리 대제(Gregor der Große)이다. 서방 신학은 이러한 어거스틴의 사상에서 단지 약간의 보충과 교정과 정확한 규정을 행하였을 뿐이다. 본질적으로 서방신학은 이러한 신학적인 물음들에 있어서 어거스틴을 넘어서지 못했다.

어거스틴은 자신의 작품 『기독교 가르침에 관하여』로써 성경 해석학 뿐만 아니라 또한 문화이론을 발전시켰다. 이 문화이론이 후기 고대와 초기 중세 교회로 하여금 방해받지 않은 채 의심 없이 고대의 "자유교양학문"(artes liberales)을 감히 수용하도록 하였던 것이다. 어거스틴은 여기에서 중세와의 중요한 매개물을 만들어낸 것이다. 보에티우스(Boethius), 카시오도르(Cassiodor), 이시도르(Isidor von Sevilla)는 이러한 수용과정에서 계속하여 결정적인 인물들이다.

중세에 있어 어거스틴은 성경을 제외하면 최상의 신학적인 권위였다. 어거스틴을 중세에 중개한 것은 통용되는 작품선집 외에 무엇보다도 그레고리 대제(Gregor der Große)의 몫이었다.

정치적-실천적 의도에 일치하여 그레고리는 교회론적으로 각인되고 축소된 어거스틴을 중세에 전해준 것이다.

중세의 수용은 우선 무엇보다도 어거스틴의 몇 개의 중심적인 명제들에 대한 명확한 규정 및 발전으로 이루어졌다. 중세 어거스틴주의의 네 가지 주요 가닥이 제시될 수 있다. 첫번째 중요한 사상적 운동은 캔터베리의 안셀름(Anselm von Canterbury)과 함께 시작한다. 안셀름은 이해를 추구하는 믿음(*fides quaerens intellectum*)에 관한 어거스틴의 의도를 받아들이며 어거스틴의 인식론을 계속하여 형성한다. 이렇게 더욱 강하게 철학적으로 방향이 정해진 어거스틴주의는 본질적으로 다양한 측면을 가진 운동인데, 이 운동에는 빅토르(Viktor) 학파, 샤르트르(Chartres) 학파 그리고 오세르의 빌헬름(Wihelm von Auxerre)이 속해 있으며 절정은 성 보나벤투라(Bonaventura)의 신학과 철학에서 이루어졌다. 그러나 사람들이 직접적으로는 어거스틴주의자라고 여기지 않는 다른 사상가들, 가령 아벨라르(Abaelard) 조차 교부 어거스틴의 압도적인 영향력에서 벗어날 수 없었다. 만일 철학적인 어거스틴주의의 업적을 평가하고자 시도한다면, 그 업적은 플라톤적-기독교적인 인간론과 신비주의의 생성에 있다. 이것은 어거스틴의 염세주의로부터 벗어나는 약화된 낙관주의적 인간상과 관련이 있다. 분명한 사실은 수도원적-신비주의적 운동들이 인간론에 첨가되어 있고 오히려 "쾌활한" 그리고 때때로 세속적인 고대시기를 기억나게 하는 인간상을 보여준다는 것이다.

어거스틴주의의 두번째 중세의 갈래, 즉 소위 정치적인 어거스틴주의는 어거스틴과 그의 작품 『신국론』만을 제한하여 증거로 댈 수 있다. 왜냐하면 어거스틴 자신이 이 작품에서 역사에 대한 구원사적인 해석을 하였고 정치적인 구상은 전개하지 않았기 때문이다. 그가 사실적인 역사를 다루는 일은 오로시우스(Orosius)에게 맡기고 자신은 역사의 해석에 전념한 것처럼, 정치적 어거스틴주의는 어거스틴보다는 교황 겔라시우스(Gelasius) 1세와 그의 두 검 이론에 더 강하게 기원을 갖는다. (로마의 애기디우스〈Ägidius von Rom〉 외에) 존 위클리프(John Wyclif)와 라챠드 피츠랄프(Richard Fitzralph)에 의해 대표되는 정치적 어거스틴주의는 무엇보다도 교황의 권력에 대해 보다 많은 영향력을 확보하기 위해 사제 권위와 황제 권위의 병존이라는 구상을 발전시켰다.

그러나 어거스틴의 역사신학 또한 강력하게 오래 영향력을 끼쳤다. 오토 프라이징(Otto von Freising)의 『두 나라의 역사』(*Historia de duabus civitatibus*)는 역사를 시간의 연속으로 해석하는데, 이 시간의 연속은 하나님에게서 영원한 평화로 끝이 난다. 더 잘 알려진 것으로는 요아힘 피오레(Joachim von Fiore)에 의해 이루어진, 어거스틴의 도식을 기억나게 하는 역사의 세 시대 해석이 있다. 그는 성부의 구약 시대를 성자의 신약 시대와 구분하였으며 세계 역사가 성령의 은둔적인 시대에서 끝마치는 것으로 보았다. 그러나 그는 여기서 어거스틴을 더 벗어났는데, 왜냐하면 어거스틴은 편지 197에서 세상 종말의 계산 가능성에 대한 모든 형태에 분명하게 반대하였기 때문이다.

예정과 구원하는 은혜에 관한 초기 중세의 논쟁은 "이중 예정"에 대한 어거스틴의 가르침에 동의하지 않았다. 이중 예정설은 848년 마인츠(Mainz) 종교회의에서 정죄를 당하였다. 이러한 정죄(힝크마르〈Hinkmar von Reims〉)를 반대한 사람들이 어거스틴의 창조론을 증거로 내세워 교부 어거스틴에 대한 명예회복을 시도하였다(요한네스 스코투스 에리우게나〈Johannes Scotus Eriugena〉).

비교적 눈에는 덜 띄지만 사실 수도원 운동에 대한 어거스틴의 영향력 역시 무시할 수 없다. 어거스틴의 이름과 관련된 본문[어거스틴 규칙서]이 어거스틴 참사회, 어거스틴 은둔자 수도회, 프레몽트레회의 근거를 이루었으며 현재까지 영향을 끼치고 있다.

후기 중세에서 어거스틴주의는 다시 더 강력한 신학적인 경향을 띠었다. 제도로부터 돌아서고 은혜론에로 향하는 가운데 종교개혁은 토마스 브래드워딘(Thomas von Bradwardine), 그레고리 리미니(Gregor von Rimini), 존 위클리프의 작품들을 통하여 준비되었다.

어거스틴 은둔자 수도회는 종교개혁의 토대를 준비하였다. 이 수도회의 다양한 유명한 신학자들은 자신들 수도원의 창립자의 사상을 전파해야 할 의무가 있었다. 그렇게 하여 어거스틴 은둔자 수도회의 어거스틴주의를 통하여 루터의 어거스틴 수용 역시 시작된 것이다. 루터는 그레고리 리미니(Gregor von Rimini), 야코부스 페레스(Jacobus Peres), 슈타우피츠(Johann von Staupitz)의 작품에서 어거스틴을 알게 되었다. 하지만 그는 수도회 동료들의 신학을 넘어서 어거스틴의 작품들 그 자체에 의지하였다. 루터는 어거스틴의 작품들을 직접 읽었는데, 이것은 그가 어거스틴의 시편 주석(강해), 갈라디아서 주석, 영과 문자에 관한 작품을 다룬 것에서 증명될 수 있다. 루터는 자신의 신학의 중심적인 개념들을 어거스틴에게서 발견하였다. 그러나 그는 전적으로 자기 자신의 바울이해의 관점에서 어거스틴을 읽었다. 각 종교개혁자들(칼슈타트〈Karlstadt〉, 츠빙글리〈Zwingli〉, 칼빈〈Calvin〉)의 상이한 어거스틴 상은 아직까지 연구되어 밝혀지지 않고 있다.

근대초기의 어거스틴 상은 휴머니즘의 플라톤주의-르네상스 및 휴머니즘의 교육구상에 의해 매우 강하게 결정되었다. 플라톤과 더불어 어거스틴 역시 기독교와 플라톤주의가 유사하다는 사실에 대한 주요증인으로 인용된다. 그러나 비로소 에라스무스가 분명하게『기독교 가르침에 관하여』(*De doctrina christiana*)를 고대의 교육 역시 그리스도인들에게 걸맞는다는 사실에 대한 증거로 인용을 하였다. 어거스틴에 대한 독서로 가장 잘 알려진 사람은 의심할 여지없이 페트라르카(Petrarca)이다.

1335년 4월 26일 방뚜 산(Mont Ventoux)을 오를 때 그는 『고백록』을 읽고 일종의 회심을 체험했다. 그는 어거스틴의 의도였던 내면성으로의 귀환을 경험했다.

근대의 어거스틴 수용은 계속하여 가톨릭 측에서 이루어졌다. 1679년과 1700년 사이에 커다란 어거스틴 전집을 편집한 생-모르(Saint-Maure)의 베네딕트수도사들에 의하여 어거스틴 수용과 연구는 비약적으로 발전하였다. 현대의 모든 간행본들은 이 모르 전집에 근거하고 있다.

이러한 근대의 어거스틴 수용에 있어서 다양하며 부분적으로 서로 엇갈리는 갈래들이 있음이 증명될 수 있다. 원죄론과 은혜론을 강조하고 더욱 발전시켰던 엄격한 어거스틴주의와 스페인의 예수회의 몰리나(Luis de Molina)가 경쟁하였다. 인간은 스스로 자신의 행동을 할 수 있다는 근대적인 생활감정에 일치하여, 예수회는 실제로 절충적 펠라기우스주의, 즉 구원의 행위에 있어서 인간의 능력과 몫을 분명하게 강조하는 가르침을 가르쳤다. 이러한 절충적 펠라기우스주의의 천박스러운 도덕에 대하여 소위 얀센주의가 역습하였다. 얀센주의는 은혜론을 어거스틴 사상의 중심으로 새롭게 강조하였다.

영향력에 있어서 가장 중요한 어거스틴 수용은 프랑스와 네덜란드에서 있었다. 1640년 위페른(Ypern)의 주교 코르넬리우스 얀센(Cornelius Jansen, 1576년 죽음)의 사후 출판된 책 『어거스틴』(*Augustinus*)이 어거스틴에 대한 새로운 관심을 일깨워 주었다. 아르노(A. Arnauld)와 포르-루아얄(Port-Royal) 수도원의 수녀들은 은혜론을 선전 유포하였다. 추기경 리슐리외(Richelieu)와 마자랭(Mazarin)은 정치가로서 국가의 기본이념을 근거로 이에 반대하였다. 얀센주의의 가장 저명한 대표자로서 『시골 친구에게 보낸 편지』(Lettres à un provincial)라는 탁월한 작품을 통하여 이러한 신학적 사조에 수많은 추종자를 얻어낸 사람은 바로 파스칼(Blaise Pascal)이다. 그의 신학적 중심개념 "마음의 질서"는 어거스틴의 "마음의 신학"(theologia cordis)에 근거한다. 근대의 어거스틴 상을 강하게 각인시킨 것은 역사적인 어거스틴이 아니라 얀센(Jansenius/Jansen)의 어거스틴이었다. 그러나 그 이후 어거스틴 권위의 확실성은 약해진다. 계몽 사상가들은 어거스틴에 대해 대개 부정적이다. 이들에게 있어 어거스틴은 북아프리카 출신의 과장된 수사학자인 것이다.

  어거스틴이 특히 집중적으로 다루어지고 또한 강하게 수용된 것은 우리가 사는 시대에서이다. 무엇보다도 『고백록』의 "주관주의"가 특별한 주목을 받았다. 특히 『고백록』 11권의 시간이론은 후설(Edmund Husserl) 이후 근대의 모든 시간이론을 위해 가장 큰 중요성을 지녔다.

  물론 반론이 없는 것은 아니지만 어거스틴에 대한 가장 영향력이 큰 저술 가운데 하나는 하르낙(Adolf von Harnack)의 책 『교리사』(Lehrbuch der Dogmengeschichte)이다. 그는 여기서 많은 동정심을 가지고 어거스틴 상을 기독교 경건의 종교개혁자로 그리고 있다. 심지어 어거스틴의 사고방식을 기독교에서 유일하게 정당한 것이라고 언급을 하였다. 하르낙의 어거스틴 상은 괴테(Goethe)의 상에 따라 그려졌으며 어거스틴에게서 시편, 플라톤, 신플라톤주의, 로마법, 현실도피적인 신비주의 등 모든 것이 합류한다는 언급에서 절정에 이른다. 그러나 어거스틴을 이해하기 위해서는 개별적인 사조들을 아주 정확하게 구별하는 것으로는 충분하지 못하다. 중요한 점은 어거스틴이 다루는 모든 것은 그의 손 아래에서 변화하며 새로운 것이 된다는 사실을 인식하는 것이다.

루돌프 오토(Rudolf Otto)는 의미심장한 작품 『거룩한 것』(*Das Heilige*)에서 자신의 종교철학의 중심개념으로서 "전적 타자" 개념을 도입한다. 이 개념은 바로 『고백록』 7, 10에서 도출된 것이다. 우리가 사는 세기에 개신교 어거스틴 수용(하르낙〈Harnack〉, 홀〈Holl〉)에 대한 가톨릭의 대응은 막스 쉘러(Max Scheler)에 의해 이루어진다. 그의 가치철학 및 사랑에 관한 자세한 설명은 의식적으로 어거스틴을 향하며 현상학에서 특별한 발전을 이룬다. 기독교 실존주의만이 아니라 모든 실존주의가 어거스틴을 "계속적으로 영향을 끼치는 철학의 창설자"(야스퍼스〈K. Jaspers〉)로 간주한다.

의심할 여지없이 가장 중요한 어거스틴 수용은 마틴 하이데거(Martin Heidegger)의 작품 『존재와 시간』(*Sein und Zeit*)이다. 하이데거의 존재분석에서 사람들은 어거스틴을 듣고 있다고 생각할 정도다. 하이데거의 시간성의 범주들은 어거스틴의 『고백록』에서 거의 문자적으로 끌어낼 수 있는 것들이다. (하이데거에게서가 아니라 야스퍼스(Jaspers)에게서 완성된) 실존적-철학적 학파로부터는 어거스틴의 사랑개념에 관한 한나 아렌트(Hannah Arendt)의 위대한 작품이 언급될 수 있다.

오늘날의 어거스틴 연구는 보다 강하게 문헌학적인 성격을 띤다. 어거스틴이 특히 기독교 실존주의에서 어떻게 여겨졌는지를 살피며 갖게 되는 감동은 객관적인 연구에 굴복하였다.

현대의 어거스틴주의 형태들은 다양하며 종파에 따라 분명하게 한계가 정해질 수 없다.

맺는 말

나 역시도 내 말은 십중팔구 마음에 들지 않는다.

이 말로 주교 어거스틴은, 교리문답에 대한 어려움 때문에 자신에게 조언을 청한 카르타고의 집사 데오그라디아스(Deogratias)를 위로했다.

이러한 푸념과 어거스틴의 대답은 어거스틴의 삶과 사역에서 거의 소개되지 않는 면들을 특징짓는 것으로 여겨진다. 중요한 것은 보다 더 신학적인 관점으로 이루어진 안내인데, 생애와 철학적인 문제제기는 제쳐놓는 것이어야 한다.

우리는 어거스틴을 다루지 않은 채 그를 그냥 지나칠 수는 없다. 그는 오늘날까지 관심과 참여를 불러 일으켰다. 그는 매력이 있으나 그 외에 갈라진 틈들, 약점들, 어두운 면들을 가지고 있으며 어거스틴에 대한 어떤 서술도 이것을 숨겨서는 안되고 숨길 수도 없다. 만일 우리가 이러한 어두운 면들에서 어거스틴이 구현한 인간 실존의 전체 범위를 보게 된다면, 우리는 이러한 어두운 면들에 만족할 수 있을 것이다.

이 책은 많은 사람들의 협력 없이는 나오지 못했을 것이다. 나는 비알라스(S. Bialas), 회프너(R. Höffner), 호프만(A. Hoffmann) 박사, 루첸회퍼(E. Rutzenhöfer) 박사, 자이코(M. Saiko), 슈나이더(H. Schneider) 박사의 도움과 후원과 자극에 감사한다. 롤만(H. Rohlmann) 여사는 여느 때처럼 믿을 만하게 원고를 완성해 주었다.

참고문헌

1. 문헌들

C. Mayer, Augustinus-Lexikon 2, XI-XXIX

(어거스틴 작품에 대한 자세한 개관을 제공함)

2. 전집류

BA = Bibliothèque Augustiniènne, Paris 1947-

(PL 원문을 교정한 것으로 프랑스어로 번역과 주석이 되어 있음)

CCL = Corpus Christianorum Series Latina

(지금까지 20여권의 어거스틴 책이 나옴)

CSEL = Corpus Scriptorum Ecclesiasticorum Latinorum

(빈〈Wien〉 교부전집으로 지금까지 23권의 어거스틴 전집이 나왔으며 개별적인 작품에 대한 비평적인 전집이다)

FC = Fontes Christiani (원문과 번역으로 구성되어 있음), 1989

(지금까지 나온 것: De utilitae credenti 〈FC 9; CSEL 25/1의 본문을 수정함〉; 앞으로 계획된 어거스틴 작품은 다음과 같다. De magistro, De doctrina christiana, Possidius-Vita, De moribus, De natura boni 등)

Hamman = A. Hamman, Patrologiae Latinae supplementum 2, 347-1586, Paris 1960

PL = Migne, Patrologia Latina 32-47

3. 어거스틴에 관한 문헌

C. Andresen: Bibliographia Augustiniana, Darmstadt ²1973

T. van Bavel: Répertoire bibliographique de S. Augustin, Steenbrugge 1963

계속되는 문헌목록에 대해서는 raisonnée, in: ReAug 1 (1954)- 참조하시오.

4. 개론서

H. Chadwick: Augustin, Göttingen 1987

K. Flasch: Augustin. Einführung in sein Denken, Stuttgart ²1994

Ch. Horn: Augustinus, München 1995

5. 일반적 참고문헌

G. Bonner: St. Augustine of Hippo, London 1963

P. Brown: Augustinus von Hippo. Eine Biographie, Frankfurt ^{2}1982

E. Dinkler: Die Anthropologie Augustins, Stuttgart 1934

U. Durchrow: Christenheit und Weltverantwortung, Heidelberg 1968

H. Hagendahl: Augustine and the Latin Classics, Stockholm 1967

A. Mandouze: L'aventure de la raison et de la grâce, Paris 1968

F. van der Meer: Augustinus der Seelsorger, Köln ^{3}1958

O. Perler/ J. L. Maier: Les voyages de Saint Augustin, Paris 1969

J. Ratzinger: Volk und Haus Gottes in Augustins Lehre von der Kirche, München 1954

O. Wermelinger: Rom und Pelagius, Stuttgart 1975

A. Zumkeller: Das Mönchtum des hl. Augustinus, Würzburg ^{2}1968

또한 핸드북이나 교리사에 나오는 서술들을 보시오.

6. 사전

   C. Mayer und ahmlich: Augustinus-Lexikon 1, Basel 1986

7. CD-Rom

   CAG = Corpus Augustinianum Gissense a C. Mayer editum, Basel 1995

   (어거스틴 전체 작품을 포함하고 있음)

8. 일반적인 교부학

   LACL = S. Döpp/ W. Geerlings: Lexikon der antiken christlichen Literatur, Freiburg ²1999

   (어거스틴 각 작품에 대한 개관을 제공함)

역자가 제안하는 참고문헌

일차 문헌

1. 총서

   두란노 기독교고전 총서: 『독백』, 『교사』, 『자유의지』, 『참된 종교』, 『믿음의 유용성』, 『선의 본성』, 『신앙과 신조』, 『심플리키아누스께-다양한 질문들에 관하여 제1권』, 『고백록』, 『신앙편람』, 『삼위일체론』, 『영과 문자』, 『요한일서에 대한 설교』.

   분도교부총서: 『신국론』(1-3), 『그리스도교 교양』, 『참된 종

교』,『자유의지론』,『요한서간 강해』.

크리스챤다이제스트 세계기독교고전:『하나님의 도성』, 『신국론 요약. 신앙핸드북』,『기독교교육론』,『삼위일체론』,『고백록』.

2. 기타

공성철 역:『성령과 문자. 한·라틴어 대역』서울: 한들출판사, 2000.

김종흡 역:『은혜론과 신앙론』서울: 생명의 말씀사, 1990(『영과 의문에 관하여』;『그리스도의 은혜와 원죄에 대하여』;『은혜와 자유의지에 대하여』;『성도의 예정에 관하여』;『견인의 은사에 관하여』;『믿음과 소망과 사랑에 대하여』).

김광채 역:『어거스틴의 교육사상 텍스트』아침동산, 2011(『교사론』;『신앙요리교육론』;『기독교 학문론』).

김광채 역:『성 어거스틴의 고백록』서울: 기독교문서선교회, 2004.

김영국 역:『어거스틴 저작집』(1 2권). 소망사, 1984(『아카데미아파 논박』;『복된 삶』;『질서론』;『독백』;『영혼불멸론』;『영혼의 위대성』;『참 종교론』;『교사론』).

박일민 역:『아우구스티누스의 결혼론』서울: 야훼의 말씀, 2010(『결혼의 선함에 관하여』;『결혼과 욕정에 관하여』;『경건을 위해 결혼하지 않음에 관하여』).

박일민 역:『아우구스티누스의 예정론』서울: 야훼의 말씀, 2010(『성도의 예정에 관하여』;『견인의 은사에 관하여』).

박일민 역:『아우구스티누스의 자유의지론』서울: 야훼의 말씀, 2010(『자유의지에 관하여』;『자유의지와 은혜에 관하여』).

박주영 역:『아우구스티누스 행복론』서울: 누멘, 2010.

C. 보르고뇨 편역/성염 역:『찬양 시편. 강론 · 해설』. 서울: 바오로딸, 1986.

선한용 역:『성 어거스틴의 고백록』서울: 대한기독교서회, 2007.

이형우 역:『아우구스티누스 규칙서』왜관: 분도출판사, 2006.

Jaroslav Pelikan 편/ 전덕애 역:『산상수훈 강해설교』서울 : 展望社, 1980.

필립샤프 편/차종순 역:『어거스틴의 은총론』(1-4권), 서울: 한국장로교출판사 1996.

포시디우스/ 이연학, 최원오 역:『아구스티누스의 생애』왜관: 분도출판사, 2008.

Johannes Brachtendorf: Augustins Confessiones, Darmstadt 2005.

Hubertus R. Drobner: Augustinus von Hippo : Sermones ad populum : Überlieferung und Bestand-Bibliographie-Indices, Leiden 2000.

Edmund Hill trans.: Essential Sermons, New York 2007.

Edmund Hill et al. trans.: Sermons vols. 1-11, New York 2003.

R. Teske trans.: Selected Writings on Grace and Pelagianism, New York 2011.

2차 문헌

1. 사전 및 핸드북

로이 배튼하우스 편/현재규 역:『아우구스티누스. 연구핸드북』서울: 크리스찬다이제스트, 2004.

Volker Henning Drecoll ed.: Augustin Handbuch, Tübingen 2007.

Allan D. Fitzgerald ed.: Augustine through the Ages. An Encyclopedia, Grand Rapids/Cambridge 1999.

2. 개론서

박경숙:『아우구스티누스: 기독교의 가장 위대한 사상가』살림, 2006.

에티엔느 질송/김태규 역:『아우구스티누스 사상의 이해』서울: 성균관대출판사, 2010.

핸리 채드윅/ 김승철 역:『아우구스티누스』서울: 시공사, 2001.

S. A. Cooper, Augustine for Armchair Theologians, Louisville 2002.

T. Fuhrer: Augustinus, Darmstadt, 2004.

3. 연구서

권진호:『성 어거스틴의 은총론 연구』서울: 기독교문서선교회, 2011.

문시영:『아우구스티누스와 행복의 윤리학』서울: 서광사, 1996.

문시영:『아우구스티누스와 은혜의 윤리학』서울: 북코리아, 2008.

선한용:『성 어거스틴에 있어서 시간과 영원』서울: 성광문화사, 1986.

안인섭:『칼빈과 어거스틴. 교회를 위한 신학』서울: 그리심, 2009.

양명수 편:『오늘의 어거스틴』서울: 대한기독교서회, 1997.

양명수:『어거스틴의 인식론: 이성과 계시 또는 앎과 믿음』서울: 한들출판사, 1999.

유지황:『어거스틴의 신학 사상 이해: 사랑과 영혼의 순례』서울: 땅에쓰신글씨, 2005.

이규철: 『어둠에서 빛으로』 서울: 쿰란출판사, 2001.

이석우: 『아우구스티누스』 서울: 민음사, 1995.

W. S. 뱁코크/ 문시영 역 『아우구스티누스의 윤리학』 서울: 서광사, 1998.

피터 브라운/차종순 역: 『어거스틴. 생애와 사상』 서울: 한국장로교출판사, 1992.

피터 브라운/정기문, 『아우구스티누스』 서울: 새물결, 2012.

F. 코플스톤/박영도 역: 『중세철학사. 아우구스티누스에서 스코투스까지』 서울: 서광사, 1989.

존 F. 하비/문시영 역: 『고백록, 윤리를 말하다』 서울: 북코리아, 2011.

E. Dassmann: Augustinus. Heiliger und Kirchenlehrer, Stuttgart 1993.

V. H. Drecoll: Die Entstehung der Gnadenlehre Augustins, Tübingen 1999.

D. Ogliari: Gratia et Certamen, Leuven 2003.

E. TeSelle: Augustine the Theologian, Eugene 2002.

R. H. Weaver: Divine Grace and Human Agency, Macon 1996.

이 책의 각 장에 대한 조언들

1. 자서전과 경험

> P. Courcelle: Recherches sur les Confessiones de saint Augustin, Paris ²1968.
>
> P. Courcelle: Les Confessions de S. Augustin dans la tradition littérarie, Paris 1963.
>
> N. Fischer/C. Mayer ed.: Die Confessiones des Augustinus von Hippo, Freiburg 1998.
>
> K. Kienzler: Gott in der Zeit berühren. Eine Auslegung der Confessiones des Augustinus, Würzburg 1998.

G. Madec: Introduction aux Révisions et à la lecture des œuveres de S. Augustin, Paris 1996.

J. J. O'Donnell: Augustine Confessions I-III, Oxford 1992.

2. 각인시키는 회상: 마니교

E. Feldmann: Der Übertritt Augustins zu den Manichäern, in: A. Tongerloo. J. van Oort: Manichaean Studies 2, Louvain 1995, 103-128.

J. van Oort: Augustinus und der Manichäismus, in: A. Tongerloo/J. van Oort: Manichaean Studies 2, Louivain 1995, 289-307.

3. 인간: 기억과 시간

K. Flasch: Was ist Zeit?, Frankfurt 1993.

G. Söhngen: Der Aufbau der augustinischen Gedächtnislehre, in: G. Söhngen, Die Einheit in der Theologie, München 1952, 63-100.

4. 믿음과 인식

A. Hoffmann: Augustins Schrift "De utilitate credendi". Eine Analyse, Münster 1997.

5. 그리스도

> E. Franz: Totus Christus, Bonn 1956.
>
> W. Geerlings: Christus exemplum, Mainz 1978.
>
> G. Madec: La patrie et la voie, Paris 1989.
>
> G. Madec: Christus, in: AL 1, 845-908.

6. 삼위일체 하나님

> M. Schmaus: Die psychologische Trinitätslehre des hl. Augustinus, Münster ^{2}1967.

7. 하나의 교회

> F. Hoffmann: Der Kirchenbegriff des hl. Augustinus, München 1933 (신판 Münster 1978).
>
> J. Ratzinger: Volk und Haus Gottes in Augustins Lehre von der Kirche, München 1954.

8. 성례전

> W. Simonis: Ecclesiastica visibilis et invisibilis, Frankfurt 1970.

9. 하나님의 나라

> Ch. Horn: Civitas Dei, Berlin 1997.

10. 본성과 은혜

G. Greshake: Gnade als konkrete Freiheit, Mainz 1972.

11. 성경강해

K. Pollmann: Augustin. Doctrina christiana, Fribourg 1996.

12. 플라톤주의 형태의 기독교

W. Geerlings: Libri Platonicorum. Die philosophische Bildung Augustins, in: Platon in der abendländischen Geistgeschichte, ed. Th. Kobusch/B. Mojsisch, Darmstad 1997, 60-70.

13. 어거스틴주의

H. Arendt: Der Liebesbegriff bei Augustin, Berlin 1929.

Bartholomäus de Urbino: Aurelii Augustini Milleloquium veritatis, Lyon 1556.

Eugippius: Excerpta ex operibus S. Augustini (CSEL 9).

A. von Harnack: Lehrbuch der Dogmengeschichte 3, Darmstadt ^{4}1990(신판), 59-236.

Cornelius Jansenius: Augustinus, Löwen 1640 (신판: Frankfurt 1964).

Prosper von Aquitanien: Liber sententiarum, ed. M. Gastaldo

(CCL 68a), 221-252. 257-365.

Prosper von Aquitanien: Epigrammata ex sententiis Augustini (PL 51), 497-532.

A. Schindler et al.: Augustin/Augustinismus, in: TRE 4, 646-723.

또한 다음을 보라. Andresen: Bibliographia Augustiniana, 199-253.

어거스틴의 작품 해설[*]

『보편 교회의 윤리와 마니교도들의 윤리에 관하여』(*De moribus ecclesiae catholicae et de moribus Manichaeorum*)

388(387?)년 로마에서 쓰이기 시작하여 389-390년 타가스테(Thagaste)에서 완성되었다. -『재고록』1, 7.

하나님은 최고의 선으로 사랑을 받으셔야 한다는 내용과 신약과 구약의 일치 및 기독교 금욕주의의 우월성이

---

[*] 이 책에 언급된 작품에 대해서만 다루었으며 이 부분을 위해서 역자는 Allan D. Fitzgerald ed., Augustine through the Ages와 W. Geerlings, Augustinus. Leben und Werk (Paderborn: Schönigh, 2002)를 주로 참조했다.

첫번째 책의 주제인 반면, 두번째 책은 세 가지 봉인에 대한 가르침과 악의 문제를 다룬다.

『갈라디아서 주석』(*Expositio epistulae ad Galatas*)

394-395년에 쓰임. -『재고록』1, 24.

갈라디아서와 로마서는 동일한 주제들, 즉 선행의 공로, 할례와 은혜의 유익 등을 다루고 있다고 서문에서 설명한다. 그런 후에 계속적으로 주석이 뒤따른다.

『고백록』(*Confessiones*)

397년 말에서 401년 사이에 쓰임. -『재고록』2, 6.

어거스틴은 자신의 작품을 회고하면서『고백록』에 대하여 언급하기를, 이 작품은 하나님을 찬양하고 하나님에 대한 열정을 일깨우는 것이라고 하였다. "이러한 사실을 나는『고백록』을 썼을 때 경험했다. 이러한 사실을 나는 후에 이 작품을 다시 읽을 때마다 경험했다.『고백록』을 마음에 들어 하는 동료들이 많다"(『재고록』2, 6). 그는 죽기 전에,『고백록』이 그의 모든 작품들 가운데 가장 호의적인 대접을 받았다고 기록하였다(『견인의 은사에 관하여』53).『고백록』은 세 부분으로 되어 있다. 1-9권은 세례 때까지의 어거스틴의 생애에 관하여 전해주며, 10권은『고백록』을 쓸 당시 어거스틴이 하나님과 가진 관계를 보여준다. 11-13권에서 어거스틴은 창조의 역사를 해석한다.

『기독교 가르침에 관하여』(*De doctrina christiana*)

1-3권은 396/397년에, 4권은 426-427년에 쓰임. - 『재고록』 2, 4.

어거스틴은 자신의 해석학을 전개하는데, 1권에서는 사물(res), 2권에서는 표지들(signa), 3권에서는 해석의 규정, 4권에서는 수사학적인 표현을 다룬다. 『기독교 가르침에 관하여』는 단순한 해석학 핸드북 이상이며 어거스틴은 오히려 이 작품에서 기독교 문화이론을 전개한다.

『도나투스주의자들에 대항하는 시』(*Psalmus contra partem Donati*)

394년에 쓰임. - 『재고록』 1, 20.

어거스틴은 머리글자가 알파벳순으로 된 시에서 도나투스파의 분열 역사를 서술하였다. 이 시는 공동체 찬송을 위한 것이며 올바르게 판단하라는 요구를 후렴으로 반복하고 있다.

『독백』(*Soliloquien*)

387년에 쓰임. - 『재고록』 1, 4.

"하나님과 영혼"이라는 주제를 다루며 어거스틴이 이성

과 대화하는 형식으로 되어 있다. 이것은 하나님과 영혼의 영적인 본성을 보여준다.

『마니교도 펠릭스에 반대하여』(*Contra Felicem Manichaeum*)

404년 12월 7/12일에 쓰임. -『재고록』2, 8.

자유 의지의 문제에 관한 토론이다. 펠릭스는 논쟁 마지막에 개종하였다.

『믿음의 유용성에 관하여』(*De utilitate credendi*)

391/392년에 쓰임. -『재고록』1, 14.

이 작품은 믿음의 내용보다는 믿음의 행동을 연구하며 "믿음-인식"의 대조를 날카롭게 부각시킨다.

『복음서저자들의 일치에 관하여』(*De consensu evangelistarum*)

400년에 쓰임. -『재고록』2, 16.

네 권으로 된 이 작품에서 어거스틴은 복음서들 사이에 있을 수 있는 모순들을 없애려고 노력하였다. 차이들이 면밀하게 열거되었으며, 방법론에 있어서 모든 본문의 일치됨이 기본적으로 가정되었다.

『삼위일체에 관하여』(*De trinitate*)

399-419년에 쓰임. -『재고록』2, 15.

어거스틴은 신적인 세 위격의 일치를 보여주고자 하였다. 우선 첫 부분에서는 성경의 증언들(1-4권)과 철학적인 규정들(5-7권)이 이러한 일치를 위해 제시되었다. 두 번째 부분(8-15권)은 인간 영혼의 구조와 신적인 삼위일체의 구조사이의 유사점을 제시한다. 어거스틴의 삼위일체론은 교리사적으로 "내재적 삼위일체론"으로 규정된다.

『설교』(*Sermones*)

어거스틴의 생애에서 설교자 어거스틴은 중요성을 갖는다. 그는 사제로서 이미 설교를 하여(당시에는 주교만이 설교할 수 있었다. 하지만 이런 전례에서 벗어나 어거스틴은 설교의 임무를 수행했다) 많은 청중을 감동시켰고 주교로서 행한 설교들은 많은 주목을 받았다.

설교에 붙여진 번호는 모르(Maure)의 수도사들에 의해 1683년 어거스틴 전집이 출판되고 1841년에 나온 *Patrologia Latina*의 38-39권의 새 인쇄본에 근거한다. 모르 수도사들은 자신에게 알려진 설교를 다섯 그룹으로 나누었다.

(1) 성경구절에 관한 설교들(*Sermones de scripturis*): 구약 설교 1-50, 신약 설교 51-183.

(2) 축제일에 관한 설교들(*Sermones de tempore*): 교회력에 따

른 축제일에 행해진 설교 184-272.

(3) 성자들에 관한 설교들(*Sermones de sanctis*): 대부분 성자 축일에 행해진 설교 273-340.

(4) 다양한 것에 관한 설교들(*Sermones de diversis*): 설교 341-363.

(5) 의심스러운 설교들(*Sermones dubii*): 진정성이 의심되는 설교 364-394.

이에 두 설교가 추가되었다(395/396).

그리고 1683년 이후로 발견된 설교들은 첫 편집자의 이름과 그에 의한 번호로 표시되며, 그런 후에 모르 수도사들이 만든 틀에 추가된다(예: Denis 8 = 260 A). 어거스틴의 설교들에 관해서는 우선적으로 다음을 참조하시오. Hubertus R. Drobner: *Augustinus von Hippo. Sermones ad populum: Überlieferung und Bestand-Bibliographie-Indices*, Leiden 2000.

『성도들의 예정에 관하여』(*De praedestinatione sanctorum liber ad Prosperum et Hilarium primus*)

428/429년에 쓰임.

이 작품은 프로스페르(Prosper)와 힐라리우스(Hailarius)의 두 편지(*ep.* 225/226)에 대한 대답인데, 이 두 편지는 마르세이유에 있는 수도사들의 저항을 알려주는 것이었다.

어거스틴 적대자의 비판은 무엇보다도 어거스틴의 작품 『견책과 은총에 관하여』와 『은총과 자유의지에 관하여』로 불이 붙었다. 『성도들의 예정에 관하여』는 믿음의 시작은 하나님의 어떤 근거도 없는(알 수 없는) 택하심을 근거로 이루어진다(3-16)는 내용을 전개하며, 이러한 사실을 미숙한 나이에 죽는 아이들의 예로써 증명하고(17-31) 이를 위한 성경의 증거를 제시한다(32-42).

『소위 마니의 근거가 되는 편지에 반대하여』(Contra epistulam Manichaei quam vocant fundamenti)

396년에 쓰임. -『재고록』 2, 2.

『마니의 편지』(epistula Manichaei)는 북아프리카에서 널리 퍼진 마니교의 "신앙 핸드북"이었던 것처럼 보인다. 이 핸드북에 대항하여 어거스틴은 자신이 마니교로 이끌었던 그의 친구 호노라투스(Honoratus)를 되찾고자 하였다. 이 편지의 저자가 실제 마니인지는 논란거리이다.

『시편 강해』(Enarrationes in Psalmos) (= en. Ps.)

약 392-420년에 행해짐.

시편에 대한 강해는 주로 설교에서 이루어졌다. 『시편 강해』 1-18은 출간 전에 써진 것이며 설교되지 않은 것이다. 『시편 강해』 118은 많은 개개의 설교들로 나뉘어져 있다. 어거스틴의 『시편 강해』는 영적으로 가장 무르익고 아름다운 작품에 속한다.

『신국론』(De civitate Dei)

412-426년에 쓰임. - 『재고록』 2, 43.

로마의 멸망으로 야기되고 기독교를 변호하기 위해 쓰인 변증론은 첫 부분에서, 이교의 신들은 이 세상의 삶을 위해서도(1-5권) 미래의 삶을 위해서도(6-10) 아무 유익이 없다는 사실을 증명하고자 시도한다. 파괴적인 성격의 첫 부분과 달리 두번째 긍정적인 부분(11-22)에서는 역사의 진행이 하나님의 나라(civitas Dei)와 악마의 나라(civitas diaboli)사이의 계속되는 싸움으로 간주된다. 즉 기원(11-14), 경과(15-18) 그리고 마지막(19-22)이다. 이러한 서술은 처음(창세기)부터 확정된 종말(계시록)에 관한 성경의 보편사적인 시각과 일치하는데, 여기에서 하나님의 나라는 눈에 보이는 교회와, 악마의 나라는 국가와 일치하지는 않는다. 하나님의 나라는 아벨부터의 교회로서 역사 저편의 교회인 반면, 진행되는 역사는 비구원의 역사로서 평가절하 된다. 이교 신들의 파괴는 하나님과 인간 사이에는 오직 예수 그리스도라는 중재자만 있다는 사실(포르피리우스에 반대)을 보여주는 데 기여했다는 것이다.『신국론』에 나타난 역사철학은 오늘날에 이르기까지 서양을 각인시켰다.

『영과 문자에 관하여』(De spiritu et littera)

412년에 쓰임. -『재고록』 2, 37.

이 작품은『죄의 결과들과 용서 그리고 유아세례에 관하여』(De peccatorum meritis et remissione et de baptismo paruulorum)과 밀접한 관계 속에 있다. 역시 마르켈리누스(Marcellinus)의 문의로 써진 것으로 이 작품은 바울이 말한 율법과 은혜의 대립을 다루고 있다. 율법만 있다면 그것은 자유하게 하는 도움이라기보다는 죄의 속박에 불과하다. 이 작품의 개략적인 요약이『편지』145에 나온다.

『요한복음 강해』(In Iohannis evangelium tractatus)

414-417년에 행해짐.

이 작품은 히포에서 행해진 설교로서 124편의 단편으로 써졌으며 요한복음 전체를 강해하고 있다.

『요한일서 강해』(In epistulam Iohannis ad Parthos tractatus)

407년에 행해짐.

이것은 407년 부활주간에 행해진 설교이며 도나투스주

의 분열을 막고자 하는 목적을 갖고 있었다.

『욥기 주석』(*Adnotationes in Iob*)

400년 이전에 쓰임. -『재고록』 2, 15.

이것은 본질적인 의미의 주석이라기보다는 좀 더 완전한 주석을 준비하기 위해 쓴 메모이다. 어거스틴은 자신의 개인용 욥기서 여백에 메모를 해 놓았는데, 언젠가 한 신봉자가 어거스틴에게 이 책자를 훔쳐 어거스틴의 동의도 없이 출간하였다.

『율리안에 반대하여』(*Contra Iulianum*)

421-422년에 쓰임. -『재고록』 2, 62.

421년 어거스틴은 투르반티우스(Turbantius)에게 보낸 율리안의 편지를 입수하고 421/422년 이 편지에 대하여 반박을 하였다. 작품 1,1,3은 편지에 나타난 사고의 맥락을 전해준다. 어거스틴은 모든 다른 교부들에게도 해당하는 마니교의 비난을 방어하였으며(1권), 율리안에 반대하는 전통으로부터의 증거들을 제시하고(2권) 율리안의 개별적인 비난들을 상세하게 논박한다.

『재고록』(*Retractationes*)

426/427년에 쓰임.

우리는 어거스틴의 작품을 위해 운 좋게도 두 개의 목록을 가지고 있는데, 그의 『재고록』과 포시디우스(Possidius)의 『색인』(Indiculum)이다. 어거스틴은 주교임무에서 휴가를 얻은 후에 자신의 작품을 통독하였다. 『재고록』 서문에서 그는 다음과 같이 기록했다. "나는 나의 작품들, 책, 편지, 논고들을 매우 엄밀하게 읽어나가며 마음에 들지 않는 내용을 비평가의 입장에서 분명히 밝히고자 한다." 그는 93개의 책들을 읽었다. 편지와 설교들은 더 이상 다루어지지 못했는데, 이 작업 도중에 세상을 떠났기 때문이다. 『재고록』은 문학역사에서 유일무이한 것이다. 이 작품은 우리에게 연대기, 확실성, 작품토론에 대한 중요한 정보들을 전해준다. 그 외에도 어거스틴 사상의 발전노선을 보여준다.

『참된 종교에 관하여』(De vera religione)

389-391년에 쓰임. - 『재고록』 1, 13.

플라톤주의로부터 거리를 두지만 또한 플라톤주의자들만큼 그리스도인에 가까운 사람은 없다는 사실을 인정한다. 기독교 철학 및 신학에 대한 전체적인 체계를 보여주려고 한 어거스틴의 첫 시도에 해당한다.

『창세기의 문자적 의미』(*De Genesi ad literam*)

    393/394년에 쓰임. -『재고록』1, 18.

    창세기 1:26까지 간략하게 단어의 의미에 초점을 둔 강해이다.

『편지』(*Epistulae*)

    어거스틴의 편지모음집은 270편의 편지를 포함한다. 1981년 29개의 편지를 새로 발견했다. 부분적으로 포괄적인 편지들은 경우에 따라서 논구(論究)의 성격을 가진다. 편지에서는 개인적인 문제들 외에 철학, 신학, 및 목회실천의 주제들이 다루어졌다.

『83개의 다양한 질문에 관하여』(*De diversis quaestionibus octaginta tribus*)

    388-397년에 쓰임. -『재고록』1, 26.

    어거스틴은 이 작품을 388년 이탈리아로부터 북아프리카로 돌아온 시기와 396년 히포의 주교로 선택받은 시기 사이에 저술하였다. 그의 답변들은, 시간이 허락될 때마다 다양한 주제들에 관하여 어거스틴에게 물었던 친구들의 질문에 답한 것이다. 신학적인, 철학적인, 주석적인 질문들을 묶고 있다. 이 작품에는 어거스틴이 인생 말년에 다루었던 모든 주제들이 포함되어 있다. 마니교와 아리우스주의의 거절, 기독론과 삼위일체론, 스토아 윤리학과 플라톤 이데아론의 이해가 다루어지며, 가장 눈에 띄는 내용은 은총론에 대한 것이다.

색인

ㄱ

가치철학 163
갈라디아서 140, 160
강해규칙 138
『거룩한 것』 163
겔라시우스 1세 158
겸손 69, 70, 71, 74, 112, 146
『고백록』 21, 22, 26, 28, 31, 32, 33, 34, 35, 43, 45, 48, 49, 50, 51, 52, 53, 54, 55, 56, 85, 119, 127, 140, 146, 148, 161, 162, 163
관계 85
교리문답 78, 165
교육신학 30
교회론 29, 36, 80, 157
구속자 74, 76
권고책자 22, 31
권위 36, 59, 60, 61, 63, 95, 135, 144, 152, 156, 158, 162
그레고리 대제 156
그레고리 리미니 159, 160
그리스도의 군사 103
그리스도의 오심 100
금욕 39, 40
『기독교 가르침에 관하여』 133, 134, 135, 137, 139, 145, 152, 156, 160
기억 35, 51, 52, 55, 57, 84
기호 104
기호이론 101

ㄴ

나라 이론 110
내적인 기억 50, 51, 52
니체 21
니케아 공의회 82

ㄷ

대상과 표지 152
데메트리아스 121, 122, 123
도나투스 91
도나투스주의 29, 89, 90, 91, 92, 93, 97, 141
도움 78, 79
『독백』 45, 46, 60
『두 나라의 역사』 158
듣는 자들 38, 40
디오스쿠르 69

ㄹ

레오 대제 76
로마서 65, 67, 129, 131, 140
로마의 멸망 107, 108
루터 160
리슐리외 162

ㅁ

마니교 26, 27, 28, 29, 37, 38, 40, 41, 42, 43, 44, 46, 55, 70, 113, 122, 131, 137, 139
마니교도 35, 36, 37, 40, 42, 43, 46, 59, 61, 134, 143
마르켈리누스 91
마르키온 41
마리우스 빅토리누스 83
마음의 질서 162
마이오리누스 90
마자랭 162
마카리우스 91
마카리우스 시기 91, 93
막시무스 26
멘소리누스 90
모니카 25

모델교육학 30
모범 70, 78, 79, 80, 113, 127
몬타누스주의 90
몰리나 161
문화이론 156

ㅂ

바로(Varro) 114, 115
바르톨로매우스 154
바울 28, 42, 66, 72
바울서신 주석 127
바울적인 이단 42
발레리우스 29, 134
발출 85, 86
변증가 109
변함없는 특성 104
보나벤투라 157
보에티우스 156
『복음서저자들의 일치에 관하여』 139
본질의 표시 88
불변성 87
브래드워딘 159
빌립보서-찬송시 72
빌헬름 157

ㅅ

『사도전승』 103
사용과 향유 152
삼위일체 81, 82, 83, 84, 85, 86, 87
『삼위일체에 관하여』 65, 83, 84
상인 74
새로운 창조주 76
서임 29, 95, 102, 104
서임의 특성 104
서품식 99
성경 해석학 136, 156
성례 36, 78, 92, 100, 101, 102, 103

성례들의 공동체 98
성례의 사효성 102
성례의 인효성 102
성례전 99, 101, 156
성별 103, 104
『성 어거스틴 작품으로부터의 발췌문』 154
성육신의 성례이다 100
성인(성도)들의 모임 98
세 가지 봉인에 대한 이론 40
세례 28, 31, 70, 81, 99, 100, 103, 104, 105, 130, 136
세례명령 81, 83
세 시대에 관한 이론 38, 44
순교자들의 신학 92
순례여행 117
쉘러 163
슈타우피츠 160
스콜라 신학 102, 151, 155
스토아 철학의 실재론 58
시간 35, 36, 48, 51, 55, 56, 57, 58, 158
시간이론 162
『시골 친구에게 보낸 편지』 162
시민적 신학 115
『시편 강해』 25, 71, 75, 120, 140
신비 100, 105
『신앙과 신조에 관하여』 105
『신앙에 관하여 베드로에게』 155
신플라톤주의 81, 82, 101, 143, 146, 163
신화신학 115
실존주의 163, 164
심플리키아누스 27

ㅇ

아가 93
아담 73, 126, 129
아르노 162
아리우스주의 90, 193

아벨라르 157
아벨 이후의 교회 98
아우렐리우스 91
악마의 나라 98, 112, 113, 140
안셀름 157
알라릭 107
암브로시아스터 129
암브로시우스 27, 43, 105, 134
애기디우스 158
야스퍼스 163, 164
얀센 161, 162
얀센주의 153, 161, 162
양태론 85
어거스틴 은둔자 수도회 159, 160
『어거스틴의 생애』 23, 24, 154
어거스틴 참사회 159
에라스무스 160
에리우게나 159
에베소 공의회 31
에클라눔의 율리안 30, 37, 128
역사신학 44, 111, 112, 113, 158
영원한 안식일 119
영(정신) 47
영지(gnosis) 38
영혼 22, 25, 34, 39, 40, 44, 46, 48, 49, 51, 52, 57, 58, 62, 78, 87, 118, 140, 144, 147
영혼에 대한 가르침 47
예정 77, 159
오랑쥬 공의회 155
오로시우스 110, 116, 158
오버벡 21
오이기피우스 154
오토 163
우투 프라이징 158
외적인 기억 50, 51, 52
요아힘 158
요한 141
요한복음 71, 141, 155
욥 78, 127

『욥기 주석』 140
원죄 30, 55, 128, 130, 131, 161
위클리프 158, 159
유아세례 125, 130
육체 39, 44, 46, 48, 90, 118
윤리적 공리주의 116
율리아나 122
율리안 129, 130, 131
은총론 31, 32, 36, 61, 129, 141, 148, 149, 153, 155, 156
은혜 22, 30, 44, 77, 79, 80, 101, 102, 123, 124, 125, 126, 128, 131, 140, 146, 152, 159
의사 72
『이교도들을 반박하는 역사들』 110
이시도르 154, 156
이원론 38, 39, 46, 113, 153
이해를 추구하는 믿음 157
인간론 35, 36, 44, 46, 112, 113, 116, 125, 153, 155, 157
일치공의회 91

ㅈ

자기사랑 112
자비의 표시 88
자연신학 115
자유교양학문 135, 156
자의식 51, 52, 94
『재고록』 22, 148
절대불변 87
절충적 펠라기우스주의 131, 156, 161
정돈된 사랑 113
정치적 어거스틴주의 158
제롬 107, 108, 121, 122, 135
『존재와 시간』 163
종교개혁 159
종교개혁자 160, 162
죄 31, 32, 33, 36, 39, 40, 45, 47, 63, 74, 76, 78, 79, 92, 104, 128, 129, 130, 155
주관주의 162
죽음 33, 34, 36, 40, 47, 75, 78, 79, 120, 126
지시 해석학 152, 153
지혜 26, 144, 147, 148
지혜의 형상 84
『진리에 관한 수없이 많은 말들[천개의 말들]』 154
"집어 들어라 읽어라"(Tolle lege) 28

ㅊ

『창세기의 문자적 의미』 139
찬송가 43
창조론 55, 159
창조주 76
츠빙글리 160

ㅋ

카시오도르 156
카이실리아누스 90
칼빈 160
칼슈타트 160
칼케돈 공의회 76
켈레스티우스 30, 125, 128
콘스탄티노플 공의회 83
콘스탄티누스 91, 119
콘스탄티누스 황제 92, 103, 109
키케로 26, 121, 134

ㅌ

택함 받은 자들 38, 40, 42
터툴리안 103, 104, 114
테오도시우스 111
통일성 41, 85, 87
트리엔트 공의회 99, 100

티코니우스 92

ㅍ

파스칼 162
파우스투스 27
파트리키우스 25
페레스 160
페트라르카 54, 160
펠라기우스 30, 122, 123, 124, 125, 128, 129, 130
펠라기우스주의 30, 124, 125, 127, 128
펠릭스 71
평화 76, 97, 112, 117, 118, 119, 120, 141, 158
평화목록 118
평화에 대한 이론들 117
포르피리우스 81, 82, 83, 85, 143
포시디우스 23, 153
표시 57
표지 100
풀겐티우스 155
프레몽트레회 159
프로바 122
프로스페르 154
플라톤 46, 143, 148, 151, 160, 163
플라톤주의 144, 160
플라톤주의자 28, 83, 108, 144, 145, 148, 149
『플라톤주의자들의 책들』 28, 70, 143
플로티누스 81, 82, 83, 143
피츠랄프 158
필로 138

ㅎ

하나님 나라 98, 117, 119
하나님 사랑 112, 138
하나님 인식 42, 66
하르낙 25, 162, 163
하이데거 163, 164
한나 아렌트 164
할례 100, 136
해석학 134, 135, 137, 139, 152
행복 113, 148, 152
『호르텐시우스』 26, 28, 70, 134, 144
혼합된 몸 98
화해자 76, 97
회심 13, 26, 28, 29, 31, 42, 60, 70, 78, 79, 103, 104, 122, 123, 143, 161
회의론자 36
후설 162
휴머니즘 160
힐라리우스 129
힝크마르 159

교부 어거스틴 Augustinus

2013년 4월 15일 초판 발행

지은이 | 빌헬름 게에를링스
옮긴이 | 권진호
펴낸곳 | 사) 기독교문서선교회
등록 | 제16-25호(1980. 1. 18)
주소 | 서울시 서초구 방배로 68
전화 | 02) 586-8761~3(본사) 031) 942-8761(영업부)
팩스 | 02) 523-0131(본사) 031) 942-8763(영업부)
홈페이지 | www.clcbook.com
이메일 | clckor@gmail.com
온라인 | 기업은행 073-000308-04-020, 국민은행 043-01-0379-646
　　　　　예금주: 사)기독교문서선교회

ISBN 978-89-341-1273-0 (93230)

* 낙장 · 파본은 교환해 드립니다.